银发经济

抓住品牌的黄金机会

[西] 奥古斯丁 · 麦地那
[西] 弗朗西斯科 · 何塞 · 冈萨雷斯
[西] 费尔南多 · 埃雷罗
[西] 胡安 · 拉蒙 · 普拉纳
著

姚云青 译

华龄出版社
HUALING PRESS

图书在版编目（CIP）数据

银发经济：抓住品牌的黄金机会 /（西）奥古斯丁·麦地那等著；姚云青译. -- 北京：华龄出版社，2024.5

ISBN 978-7-5169-2747-2

I. ①银… II. ①奥… ②姚… III. ①老年人—消费经济学—研究 IV. ① F014.5

中国国家版本馆 CIP 数据核字（2024）第 094907 号

出版人 周宏　　**责任印制** 李未圻

责任编辑 程扬 彭博　　**出品方** 金孝文化

书　名	银发经济：抓住品牌的黄金机会	**作　者**	（西）奥古斯丁·麦地那 等
		译　者	姚云青
出　版 发　行	华龄出版社 HUALING PRESS		
社　址	北京市东城区安定门外大街甲 57 号	**邮　编**	100011
发　行	（010）58122250	**传　真**	（010）84049572
承　印	北京天工印刷有限公司		
版　次	2024 年 5 月第 1 版	**印　次**	2024 年 5 月第 1 次印刷
规　格	880 mm × 1230 mm	**开　本**	1/32
印　张	5.75	**字　数**	75 千字
书　号	ISBN 978-7-5169-2747-2		
定　价	68.00 元		

本书如有破损、缺页、装订错误，请与本社联系调换

缘起

新型冠状病毒感染疫情这三年，我们经历了共同的苦难，幸好，我躲进了“避难所”，是书籍救了我，让我在图书的世界里触动心灵，任思想翱翔。

讲真心话，这三年里我做了深刻的反省，无论是人生、人性，还是社会、产业，让我有了脱胎换骨的认识。通过持续的阅读，反而让我一点都不觉得孤独，增多了解决问题的办法，让自己更加自信，还经常帮助朋友解答困惑。三年来，我从没有躺平，而是一直在“踏步”，让自己保持状态，待放开后像箭一样飞出去。

以前我是从事证券行业的，我要感谢我的老领导刘源所长，感谢行业前辈、敬爱兄长董一丁，还有吴启明、但斌、高子剑等朋友，因为他们一直在影响我、鞭策我，让我不断完善和提升。我把这些行业“大牛”当作榜样，但是他们在教我的时候总是鼓励我：“超越榜样才是你的目标！”

证券行业有个特别令人称道的优点，这也许是受到“股神”巴菲特和查理·芒格等人的影响，就是大家都特别爱学习，持续学习，终身学习。老所长嘴边总是挂着那句话“一天不学习，三天跟不上”。人家职位高、资历深、能力强的老专家都不敢停歇，更何况我们这些年轻人。于是，学习就成为大家工作的一部分。每个人学完都乐于分享，总会把自己读过的好书分享出来，那时候我经常能收到同行朋友之间送来的好书和推荐书单，我都会认真阅读。我也会把读到的好书分享给朋友，一起学习、讨论，提升业务水平。我自己能进入养老行业，就是受到青年时候读过的这方面题材书的影响，虽然过去了20多年，我还记得书名是《人口红利》，这是美国作家约翰·戈登写的，书中把美国的人口数量、结构、性别等信息结合政治、经济、社会、文化、教育、科技、宗教等方面一起分析，得出美国经济持续增长、成为世界老大的原因。我读完非常受启发，于是就把书中的理论和逻辑应用到中国的情况来对比分析，然后又用了一年时间考察了北京近百个养老项目，写了《老龄化社会该如何选择养老院》的报告，所以在20多年前我就深刻分析了中国人口、中国养老事业与产业，那时候就埋下了我将来要做养老行业的“种子”。

自2013年我进入养老行业以来，就又是一副创业的状态，整天忙得不行，三四天就一个城市，奔波于全国各地。这段时间，书读得少了。朋友依然把好书推荐给我，到年底写字台上累了一摞。疫情这三年，我终于给自己按下了暂停键，又可以静下心来读书了。我读书的品种丰富，记录下了很多有关养老的内容，吸收其中的营养，再结合自己从业十年的经历，于是就形成了自己对养老问题的认识体系，也列出来一个有价值的书单，经常与朋友分享。基于我自己的切身体会和受益，所以我也开始在为老年人和养老人做阅读推广，推动全民阅读、全龄阅读、精准阅读、高效阅读，让书香传遍养老圈、传遍老龄化社会。

人的一生，是由无数个瞬间构成的。有些瞬间虽然短暂，带来的影响却可以持续很久。喜欢是一瞬间的事，思念却可以持续很久；离别是一瞬间的事，怅然却可以持续很久。阅读也是如此。爱上阅读，可能就在“一瞬间”，但阅读给予我们的力量，却是永恒的。因为我自己是阅读的受益者，十分看好文化养老这一细分领域，所以在2022年2月10日开始创立筹建金孝趣院®养老主题书店。我们选品团队开始根据不同的年龄阶段、读者水平、细分领域、业务需求等维度进行分类，制作适合的书单，做完后我们发现在养老题材的书单里，外国作者能占到六成，甚至七成。中国现代的作者偏少，而且中国作者的作品也是偏政策性和理论性，或是课题研究类的，可读性会弱一些，发行量普遍有限。这就说明：第一，目前我国的养老行业发展处于早期阶段，从业者人数不多，能提炼出精华内容的作者就更少。第二，反映出社会对养老问题的重视程度不够，在养老观念与知识的普及方面做得很不到位。第三，养老产业链没有建立起来，熟悉养老的专业编辑较少，编发一体化图书选题方案缺乏。

我本来是学金融的，后来干了养老，现在是

被“逼”到了文化领域。我看到，文化养老的需求明确，对于“60后”这批新老人甚至可以说是刚需。我们服务的几所老年大学校长跟我说2023这届学员与过去的学员形成了明显的分水岭，就是新一届学员关注的课程更丰富，从享乐型发展到赋能型，并开始接受知识付费了，但目前行业供给极度薄弱，远远无法满足需求。文化养老是新老人的刚需，是未来老人的必需。所以我就这样被赶鸭子上架，做了“吃螃蟹的人”。从这本书开始，我将致力于发现国外优秀养老题材著作，发掘国内有潜力的养老从业者，帮他们策划相关养老题材图书，争取为在养老思想方面的百花齐放尽一分力量。

《银发经济：抓住品牌的黄金机会》这本书是我经过近一年时间，翻阅国外大量老龄题材出版物，通过多轮的比较与选择，并结合中国市场的实际情况，推荐的高质量作品。当我看到这本《银发经济：抓住品牌的黄金机会》时，顿时眼前一亮，唤醒了我对中国养老产业曾经不好做的认知，也解答了很多人进入养老行业后该怎么做的疑惑。这部作品，会让更多的中国读者看到世界范围对银发经济发展的最新思考。

无巧不成书。2024年初，在翻译此书的过程中，国务院办公厅发布《关于发展银发经济增进老年人福祉的意见》（国办发〔2024〕1号），共26条意见，里面不仅有发展民生事业的内容，也有扩大产品供给、促进行业发展的内容，还有产业和保障的内容。这是国家层面第一次出台以“银发经济”为主题的专项政策，2024年可以视为银发经济发展元年，标志着养老工作向更宽的视野迈进，坚持事业情怀、产业思维，推动事业产业更高质量的协同发展。

再结合老龄、民政系统和主要行业协会的新领导走马上任，可以看出国家把银发经济当作一个大战略，是拉动投资、刺激消费、解决就业等的关键抓手。《银发经济：抓住品牌的黄金机会》的及时出版，正好压在这个点上，这是专业性和前瞻性的体现，希望这部作品能够给政府、企业、学校、投资机构等参与银发经济带来启发和帮助。

金孝趣院®养老主题书店创始人　张晶

2024年1月

为什么要引进《银发经济：抓住品牌的黄金机会》这本书？

（代序一）

第一，中国养老问题向世界寻找答案，带动中国养老产业升级。

自2013年以来，通过政府的大力支持，市场各方积极参与，养老产业在硬件建设方面已经取得了长足的进步，床位规模持续扩大，达到了“补短板”的效果。下一个十年不应是重复建设，积累十年后应该是不断突破、不停创新，需要质的提升，加强软实力，实现综合能力的飞跃。

经过三年疫情的冲击，中国养老产业面临较大困难。又出现一批养老项目亏损，资不抵债，投资人退出。很多投资人、从业者又迷茫了，遇到重重困难熬不下去了。对行业发展产生种种困惑，需要找出破解困局的方法，于是我们就停下来反思和自省，并且向世界找答案。这个答案不是照搬照抄，不见得国外做的就都好，不见得完全适用于中国情况。

2021年7月1日的天安门广场，庆祝中国共产党成立100周年大会隆重举行。习近平总书记话语铿锵："坚持把马克思主义基本原理同中国具体实际相结合、同中华优秀传统文化相结合，用马克思主义观察时代、把握时代、引领时代，继续发展当代中国马克思主义、21世纪马克思主义。"这是"两个结合"重大论断首次正式提出。此后，"两个结合"先后写入《中共中央关于党的百年奋斗重大成就和历史经验的决议》和党的二十大报告。

做养老也是要用到"两个结合"理论。欧洲普遍是高福利的发达国家，进入老龄化社会较早，在银发经济这个领域比我国发展得早，经历得多，所以在银发经济方面值得我们借鉴。我们通过问题找原因、找共性，结合实际找出解决中国问题的答案。

过去我们做养老，总说"摸着石头过河"；现在做银发经济，仍然是摸着石头过河。而《银发经济：抓住品牌的黄金机会》就是一块“石头”，及时出现，为您铺路。

第二，养老品牌内容新颖，打开全社会对银发经济的理解和思路。

本书主题独辟蹊径，提出养老品牌的黄金机会。我们读了大量的养老题材书籍，涉及养老品牌的专著是极少的。以我十年的养老从业经验来看，切忌什么都想做，最后什么也做不好，行业里已经有很多这样的失败案例。我现在更强调在细分领域的发展，补强产业供应链。“不积跬步，无以至千里；不积小流，无以成江海。”每一个细分领域，都是实实在在解决问题的；供应链的每一个环节，都是实实在在发挥作用的。做大的基础首先要做强，聚焦做精，控制欲望，知道自己的边界，摊子铺得太大是很危险的。中国的养老市场太大了，先使自己强大起来，能生存下来才是真理。

自 2013 年以来，中国养老产业经历了十年的快速发展期，各种养老业态百花齐放，取得了喜人的成绩。但是，在取得成绩的同时，我们注意到行业内同质化竞争越来越明显，尤其是在养老机构领域，好像等级评定为三星级或五星级的实际差别并没有那么明显，无非就是规模与装修标准的差别。床位供给已经过剩，市场中出现了在红海里拼价格刺刀的现象。

在更加广泛的老年用品领域，入局者积极，中老年奶粉、纸尿裤、护肤品、老年玩具……但至今还没有看到哪家做得很成功，普遍是浅尝辄止。

我们判断，中国养老产业在经历了大量的基础建设后，未来的竞争会过渡到品牌竞争。在产品功能、质量等差别不大的情况下，品牌企业将会收获更大的市场份额，获得市场溢价。而养老品牌如何打造？如何通过品牌进行高效转化？老年消费者对品牌的认识与选择是怎样的？品牌企业在老龄化背景下的机会有哪些？老龄化程度较高国家的市场品牌发展经验有哪些？…… 这些都是值得我们学习参考的。

我们重视国外养老产业的发展经验，也曾经引进了很多产品和模式，那么这本书的引进填补了中国银发经济在市场营销和品牌传播领域的空白，具有重要的社会意义和市场价值。

第三，作者非养老专业，是从市场营销角度看养老。

作者团队成员都不是养老专业专家，他们有西班牙广告公司协会主席、西班牙广告商协会总干事、广告学院院长、国家广告最终学位奖得主，在市场营销领域绝对算得上是国际权威，他们从市场营销和品牌宣传的角度看银发经济，以清晰、简单和实用的方式分析和解释了为什么“银发经济”是几乎所有领域大多数品牌的现在和未来，让读者看到更多参与银发经济的可能和机会。

我认为这样的跨界是有意义的。老龄化社会是各要素充分的跨界融合，达到老龄人口与全社会的平衡发展。

银发经济需要百花齐放，参与的人越多就越有活力。能有强有力的品牌带动和影响至关重要，让社会看到银发经济的赚钱效应，让企业能够可持续地健康发展。帮助企业做出品牌、做好招牌、打出好牌、获得金牌、做成名牌。

第四，所学及所用，可以把书中内容转化为自己工作中的工具。

不同于其他出版商的是，我本身研究养老超过二十年，从事养老工作超过十年，对行业的方方面面很熟悉，深知目前中国养老产业的痛点，所以一定会站在行业发展的角度看问题，判断什么理论可以指引我们通往正确的方向、什么方法可以帮助我们解决实际问题，所以对这本书的引进出版我抱有很大期待。

此书2023年在西班牙出版，我们第一时间发现并引进翻译，带给中国读者除了日本以外更多的国际视野，进一步打开读者对银发经济的认识。书中观点可以引领中国养老产业向更广更深的方向发展，给了想参与银发经济的读者更多启发。

我的朋友朱晓波老师翻译了《创意关怀——认知症和高龄照护的革命性趋向》，这本书刚在美国出版就吸引了朱老师，他读完觉得里面介绍的方法很创新很实用，于是他将这些方法使用到他们在美国的养老项目上，收到了非常好的效果，于是上海银康就引进了这本书。2023年9月我帮他们在江苏老博会上做的新书发布会，现场读者反响十分热烈，互动积极。出版以来，很多养老机构都开始学习。我也认真地拜读完了，很多知识点对我的工作也有实际帮助。我始终认为，书不仅仅是看的，一定要用起来。真正用起来了，书里的知识点才能消化吸收成自己的。同样，《银发经济：抓住品牌的黄金机会》里的知识点也是可以用的，尤其是对于市场营销、品牌宣传岗位的读者，大家读完就会有收获，我也期待与读者朋友们有更多交流。

中国养老产业经过十年发展，各种业态形式从无到有，取得了长足进步。作为养老人，希望看到不断的创新，而不是低水平的重复，所以在补短板后，想方设法要把养老产业做优做强，引进新理念、新思路、新技术、新模式，帮助中国养老产业持续迭代升级，发展新质生产力，走出中国式的现代化高质量养老模式，最终实现“不断增强和提升广大老年人的获得感、幸福感、安全感。”

老龄化社会是我们的现在，老龄化是我们自己的未来。希望中国的养老品牌尽快成长，希望中国的银发经济百花齐放，希望此书能帮助到您！

金孝文化传媒（北京）有限公司董事长　张晶

2024 年 1 月

序　二

初进养老行业，感觉“病树前头万木春”，危机并存。

初见八零养老，感觉“忽如一夜春风来”，茅塞顿开。

初读《银发经济：抓住品牌的黄金机会》，感觉犹如《桃花源记》所描述：“复行数十步，豁然开朗”！

我想这大概是此书对于我和所有养老人，尤其那些有困惑的养老人，对于未来、对于产业，能够预见到“山重水复疑无路，柳暗花明又一村”的意义所在吧！

该书作者从全球范围，从人口学和社会、经济、文化、思想等多个不同视角来概述和分析了养老市场对于每个国家经济社会的重要性，以及所扮演的特殊角色。对于我们养老人来说，更关注的是银发经济的市场容量，活力和持续的增量，未来在哪儿？如何找到自己的细分市场？如何成功且未雨绸缪的去定位、去创建、去夯实自己的品牌，以获得更好的生存和发展？

天下熙熙，皆为利来；天下攘攘，皆为利往。诚然，我们作为企业，首先是需要活下来，再求发展，那就需要依靠自己强有力的、有特色的或创新的产品去为消费者创造服务、创造价值，才能获得市场反哺。而目前中国养老行业，综合人员对于行业认知理解的素质和队伍还有很大提升空间，包括专业水平、企业定位和产品及服务的细分。因此，就如该书引进出品人张晶先生所言：读书，读此书，明确品牌机遇，发现细分市场，创造差异化，避免同质化、低质化，帮助养老人走出困境，找到光明！

我从事皮肤护理研发、生产和销售20余年，管理着一家专业从事皮肤健康管理创新技术研发的生物医药企业，现在也是一名银发经济的弄潮儿，早期一样有或多或少的迷茫，但当我读过此书，深受启发。我十分清晰地锁定自己的细分市场：一个普遍性的皮肤痛点市场。目前包括大型医疗机构几乎都很难解决这些皮肤问题，由于老人们普遍存在一种或多种皮肤病的困扰，生活品质受到不同程度的影响，同时他们的社交自尊心和尊严亦被影响。这时，我们发现了自己的价值和如何让企业更好生存发展的道路，在给无数老人们带来更多的健康、福祉和爱心同时，可以很好地实现自我价值，还坚定了深耕细分市场的信心。因此，我即爱上《银发经济：抓住品牌的黄金机会》，我是银发经济的受益者，此次应邀作序，真诚推荐。

广州奇维生物信息技术有限公司董事长　周殿敏

2024 年 1 月

序　三

经营养老院多年的我，一直苦于行业发展的瓶颈。想增加收入，要么增加床位，要么提升价格。增加床位就得增加投入，人力、物力成本也要增加，实际上也增加了风险；提升价格，目前在床位供给过剩的情况下不现实，很难执行。

国务院办公厅出台的《关于发展银发经济增进老年人福祉的意见》，为我打开了一扇可以继续走下去的门。尽管我还不确定具体该怎么做，但是此时此刻，我坚定了守住养老事业的信心，心里涌现出了新的希望。

在上海从事新闻工作10年后，我回到家乡——“丝绸之路上的明珠”新疆石河子市，接过了母亲打下的基础，继续从事养老工作。成为了第二代养老人、回归家乡的第三代军垦人。如今我也是双城生活，既要在繁华的大都市上海拼搏，也要在亲爱的家乡石河子发展。从一线城市到五线城市，实际上差别还是很大的。但不论在哪里做养老，我都会坚定地赓续传承军垦人的兵团精神。

新疆兵团不同于全国其他地区，这里大多数老人有退休工资，老人们普遍知足感恩，石河子可以说是新疆兵团的“首府”，更是老年社会工作的富矿，这里有许多像孙本霞（习近平总书记来石河子接见的代表）老人那样的“献了终生献子孙”的老军垦，更有已经90岁高龄、成为新中国文化符号的“人民币图像”（“人民币姑娘”金茂方老人）。

曾经为祖国边疆建设发展做出巨大贡献的第一代兵团人都老了，他们有的来到新疆后就没有再回去过，他们是默默无闻的贡献者，我知道他们心里的愿望，除了去养老院他们还有梦想。我是军垦人的后代，我想为他们做些事情。新疆确实与一线城市的养老有差距，但是我想在发展银发经济方面能做出特色，因地制宜，带动现有养老行业破局。

一直关注张晶老师推动的文化养老，满足了老人们的心理需求和社交需求，是银发经济赛道上的一匹快马。有幸通过张晶老师遇到《银发经济：抓住品牌的黄金机会》这本书，能够在第一时间一睹为快，学习到了欧美最新的关于银发经济的发展趋势、行业观点、权威数据和有价值的案例分析，非常值得我们参考。

以前读过不少关于日本养老的书籍，总是觉得有些不解渴。这本书重点写的是西班牙，开阔了我们的国际视野。西班牙是老龄化较早的国家，也是高福利国家，在银发经济领域比我国发展得早，经历得多，所以在很多方面值得我们借鉴。

本书主题独辟蹊径，提出抓住品牌的黄金机会，让我从市场营销的角度重新审视银发经济的机会。书中不仅阐明了参与银发经济的必然趋势，也直接指出银发经济中的机会，通俗易懂，深受启发。

感谢金孝文化为中国读者带来的这部好作品，真正帮助到行业提升。

诚心推荐！

新疆石河子幸福养老院院长
爱恩健康科技（上海）有限公司董事长
兵团八师石河子市居家和社区养老项目
质量监管总负责人　冰宁

2024 年 3 月

目 录

Contents

“Presidentex”

致永恒的挚友与同伴。

——米戈尔·安赫尔·佛罗内斯

Presidentex 是一个思考空间，在英语国家被称为“智囊团”。它为有问题需要解决的企业提供支持，其服务内容并不仅限传播领域。该组织由阿古斯丁·梅迪纳、弗朗西斯科·何塞·冈萨雷斯、费尔南多·埃雷罗和胡安·拉蒙·弗拉特等专业人士创立，他们过去多年来一直担任行业协会、广告公司和营销领域相关公司的高管和总裁，为各种行业、产品、服务和品牌的企业及个人客户提供管理、战略、商业决策的咨询服务及解决方案，其累积的相关经验加起来超过200多年。这些专家曾以多种不同的方式“经历过未来”，他们曾经面对过比如今的情况糟糕得多的危机，并挺了过来；他们也曾历经剧变的年代，其时代变化远比当今社会更加剧烈，远远超过当代人的想象。他们的工作模式源自企业的信任。客户愿意讲述并分享自己遇到的挑战，请他们协助思考和解决问题、或是实现企业目标。顾问们会通过分析所有可行的路径，为客户寻求解决方案，并最终找到最佳方式来处理问题，克服困难。

第一章　普世现象

“若钓场中根本没有鱼，自然很难有所收获。”

如果想钓鱼，首先，我们需要一套最基本的装备。原则上只需一根简单的尼龙钓线，配上一个鱼钩，或用寥寥几根绳子编织而成的渔网，甚至仅仅是用一根锋利的棍子用作鱼叉就足够了。但毫无疑问，钓手的经验以及装备的好坏都会或多或少地影响钓鱼成果，因此，如果能再准备一根好的钓竿、一个保养良好的吊轮、最恰当的鱼饵和鱼钩、合适的衣服和靴子，甚至如果能搞到一艘不错的小舟或是渔船，都会对提升钓鱼战果更有帮助。

但除了优良的装备、钓手的经验和知识之外，最重要的条件还在于目标钓场必须实实在在的有鱼存在才行。其他一切条件虽然确实有助于提升钓鱼成果，但都只是锦上添花的可选项；如果钓场里根本没有鱼，那么即便是世界上最好的钓手配上最好的装备，也只能空手而归，白白浪费时间。

这个如此显而易见的基本常识在广告和营销领域却常常被人忽略：任何营销传播活动的成功，其首要前提都在于是否确实存在目标受众或群体。这些受众对我们宣传的产品或服务有兴趣，而且持有足够的资源来购买它。在南极洲销售冰箱就毫无意义，即便那里的市场完全没有被探索开发过，也不存在任何竞争：因为从本质上来说，这样一个产品在那块大陆上毫无存在的必要，尤其是因为当地几乎根本没有什么居民，只有一些科考人员和专家偶然会在那边工作几个月。

因此，我们的首要工作就是先要知道哪里有

鱼。尽最大可能收集信息，调查、分析可用的数据。之后，再去研究如何用更好的装备、鱼饵和渔网捕获这些鱼。

有趣的是，优秀的钓手都知道，在大部分情况下，最好的鱼都来自他们深耕一辈子的最熟悉的钓场，而无需探索遥远的海域或冒险进行复杂的远航。很多谚语都常常提醒我们这一点：一鸟在手胜于百鸟在林；已知的坏事胜过未知的好事……

最大的鱼群依然存在于大多数企业和部门已经捕捞了数十年的地方，尽管很多公司似乎已经厌倦了这个市场，宁可寻找新的渔场，也不愿适应环境，继续在这个领域耕耘。无论是在西班牙还是其他绝大多数发达国家，绝大多数产品和服务的最佳潜在目标客户都是 60 岁以上的消费者群体。这个群体人数众多，规模增长最快，而且拥有最强的经济实力。这些头发花白的老人构成了“银发经济”的基础，他们为几乎所有行业都带来了广阔的市场机遇，这些机会远大于市场上可能出现的任何创新。

有好几个因素能够支撑这一观点。首先，因为这些老人构成了规模最庞大的目标受众，他们是人数增长最快的群体，而且在未来几年内这种增长还会加速。西班牙和其他所有发达国家的金字塔形的人口结构都证实了这一点。这些国家都在经历老龄化的进程，老年人口的增长远远超过青年人口的增长。西班牙人的预期寿命已经超过了 80 岁，是仅次于日本的第二长寿国家。而且，与过去相比，如今达到这个年龄段的老人也能保持相当良好的健康状态。

其次，银发一族也是收入最高、消费潜力最强的群体：在很多情况下，他们的房贷已经结清，在银行有积蓄，而且还有养老金收入。这些老人的养老金甚至通常高于刚开始工作的 30 岁以下年轻人的工资收入。

再次，银发一族拥有更多的自由时间，而且正如前面指出的，他们的健康状况也依然良好，因此，他们在很多领域的消费欲望、需求和潜力都在不断增加，如旅游、美容、个人护理、休闲娱乐等。我们必须彻底摆脱过去那种“老年人只能坐在公园长椅上喂鸽子”的传统观念，尽管这个想法似乎仍在很多营销专业人士和的认知中根深蒂固，并被误认为现实。

最后，这个因素同样重要，那就是老年人根本不觉得自己老了：所有研究都证明，他们认为自己比身份证上显示的年龄更年轻，依然充满活力和创业精神。在很大程度上，这确实是事实，因为正如前文所指出的，如今 60 岁以上老人的生活状态和他们的父母辈有很大的不同，更是远远优于他们的祖父母辈的老年状态（如果那代人能活到他们这个年纪的话）。

没错，他们年纪大了，但他们的消费习惯比人们想象的要“年轻”得多。他们愿意在各种商品和服务上花费，而在不久以前，很多人都还以为老年人不会在这些事情上破费。

寻找一颗无人发现的钻石

1948 年，NW Ayer 代理公司为戴比尔斯发起了史上历时最长、最知名、最成功的营销活动之一，其口号“钻石恒久远”被《广告时代》杂志评选为“20世纪最令人难忘的广告语。”

钻石因其稀缺性而价格高昂，但由于过于昂贵，很少有人有能力购买。购买钻石被认为是一种不必要的花销，甚至与其他宝石相比，也没有什么特别的价值。因此，当时这种珠宝除了其定价高昂以外，并没有受到什么特别的瞩目。

该营销战役的关键，就在于要找到一个令人信服的购买理由，并尽可能让广泛的受众认可：使人们不仅视钻石为令人向往之物，而且甚至要将其视为一种必不可少的消费品。

该营销活动通过“钻石恒久远”这句一语双关的口号，表达了这样一种观念，即，如果准新郎没有送一枚钻戒给自己的未婚妻，那他们的婚姻就永远都不会完整。根据《纽约时报》的报道称，NW Ayer 的目标在于“营造一种氛围，让几乎每一个准备订婚的人都感到有义务购买一枚订婚钻戒”。而在那个年代，一对情侣决定同居却不正式结婚几乎是不可想象的。

这一营销活动大获成功的真正关键，在于

明确了其所面向的目标受众，让所有即将结婚的情侣转变为钻石的消费者。从那时起，凭借 NW Ayer 出色的广告创意，戴比尔斯成功地给大众灌输了这样一个观念：钻戒是一种必要的奢侈品，是婚姻中不可或缺的东西。相关的广告宣传让这个产品看起来既奢华又显得在生命中必不可少。这一观念持续传播了几十年，其影响力遍布全球。

身边的宝藏

在营销传播领域，策略和创意的持久创新至关重要。这似乎迫使许多人试图另辟蹊径，寻找潜在的新消费者，就像是在寻找传说中的“黄金国”。

然而在很多情况下，最大的宝藏其实看似远在天边，实则就近在眼前。就像《一千零一夜》里讲述的那个经典故事：一个来自开罗的男人遵循自己的梦境前往遥远的伊斯法罕，寻找梦中的财富。他经历了漫长的旅程，过程充满波折，最终却一无所获，只能空手而归。在旅途中，他几乎花光了所有的财产，当他疲惫地回到家里时，其财富甚至比出发前还更少了。但之后他又做了一个梦，梦到他在自家花园的无花果树下发现了埋藏的黄金。他按照梦中所见的位置开始挖掘，这次确实发现宝藏一直就在他自己的家中，等待着他的发现。

大部分品牌最宝贵的财富就是它们自己的消费者：这些消费者了解品牌、认可它们的价值、长时间地购买品牌商品，对它们充满信任。只有在屈指可数的情况下，消费者才会愿意改变自己长久以来的购物习惯，调整购物清单，尝试新鲜事物。神经营销学的研究已经证实，人类的大脑被设计得能够尽可能地节省能量，选用知名品牌就是实现这一点的最佳方式之一：在购物时，我们无需一遍又一遍地比较我们想购买的产品和服务，检查和验证其价值。我们几乎自动地将自己已经熟知的商品放入购物篮或购物车。我们已经长时间地使用过这些商品，知道它们一直表现良好，因此可以放心选择肯定不会出错。甚至在产品本身已经发生本质变化的情况下，如果其品牌本身没变，而且依然表现良好，这些商品就仍能获得消费者的信任。例如，碧浪洗衣液 35 年前刚开始在西班牙销售时，是装在巨大的圆桶中售卖的；而如今，碧浪的产品多以胶囊、凝胶、浓缩液或片剂的形式销售，与 35 年前截然不同。产品可能完全变了模样，但其功能性没变，因此，品牌多年来依然能持续获得消费者的信赖。

当然了，有时候，有些人可能会想闻一闻，尝试一下新的香水，但一般来说，如果一个消费者喜欢自己正在使用的香水，通常不会轻易更换，除非他开始厌倦了这款香水，或是有什么外力因素迫使他更换。又或者，是因为其他品牌表现过于出色，吸引了这个消费者的注意力并引发了他的兴趣。

如果消费者开始感到自己喜爱的品牌已经忘记了他们的存在，不再理会他们，不再提供任何他们感兴趣的信息，甚至不再与他们交流，那么，这些消费者可能会考虑更换品牌。原有的消费者会觉得品牌对他们不再有吸引力，因为至少从表面上看，这些品牌将目标转向了他们认为更具消费潜力的其他消费者群体，尤其是年轻人。品牌通过广告、媒体和电视节目来对新的消费者群体大肆宣传，而它们原有的大部分消费者并不太关注这些渠道，甚至对其一无所知。

化繁为简

在任何情况下，我们首先要明确的永远是“在哪里抛竿？哪里有更多的鱼？”毫无疑问，这是获取成功的第一步。尽管这个道理过于明显，导致许多人会将信将疑：他们不相信成功的秘诀其实就是这么简单。他们没有意识到，最好的营销通常都来自最简单的开始，而且向来如此，就像杰克·特劳特在《简单的力量》一书中所描述的：“市场营销比许多人所认为的要简单得多，但有很多人却致力于将其复杂化，把它搞得千头万绪。生存的秘诀其实就是保持简单。返璞归真说起来简单，做起来难，尤其是在要给工作做减法的时候。也就是说，我们要学会化繁为简，尤其是不要自己把简单的事情复杂化：碎片化、复杂化都是没有必要的，我们需要学会整合与简化。”

这些建议是在20世纪末期写的，但至今依然放之四海而皆准，因为一切成功的开端始终在于如何找到问题的症结所在，并将其置于关注的中心。

少即是多

杰克·特劳特曾经介绍过一个非常典型的沃尔沃的案例。沃尔沃的核心问题就是必须在几十年间“始终保持自己在安全领域的领先地位，而其他竞争对手则一直在试图窃取这个理念”。但在很多情况下，品牌的核心问题并非总是如此明晰。比如宝洁公司的案例。许多人都认为是这家公司在1930年“发明”了市场营销，而且自那时以来一直是全球营销领域的专家和创新先驱。

1996 年，宝洁深入分析了公司为何有许多增长计划没有见效，并意识到问题的根源就在于他们“销售了太多种类的商品。”当时，宝洁旗下有 31 种不同类型的海飞丝洗发水，52 种不同类型的佳洁士牙膏。公司随后决定淘汰边缘品牌，减少产品线，限制新产品的发布，减少复杂的促销和优惠活动。仅仅在护发产品领域，他们就砍掉了半数的产品，从而将市场份额成功提高了五个百分点。

在之后的若干年内，宝洁一直维持着这一战略。2015 至 2017 年间，宝洁重新调整了产品组合，将旗下品牌数量从 200 个削减到 65 个，相关产品类别则直接减半，从 20 个条线缩减至 10 个。在西班牙，他们将市场上的品牌数量从 50 多个缩减到 20 个左右，从而更好地聚焦于那些盈利能力最强、行业地位最领先的品牌；而其他的众多品牌仅贡献了集团 15% 的营收和 5% 的利润。被他们剥离的品牌包括 Wella、Max Factor 以及 Hugo Boss 的香水产品线等。“这些调整让我们变得更加专注、也更加强大。”2017 年 11 月

30日，宝洁西班牙和葡萄牙总经理哈维尔·索兰斯在《五日报》（Cinco Días）的媒体采访中表示。

在杰克·特劳特看来，这个案例的经验教训很明确："最简单的想法通常都是显而易见的，因为它们反映了现实。但人们往往不太相信自己的直觉。他们总认为会有一个更复杂的隐藏答案存在。这种想法是错误的。对你来说显而易见的事实，对其他人来说也会同样明显。因此，在商业世界中，一个直截了当的解决方案通常在市场上效果很好。"

在当今市场上，银发经济无疑会是绝大多数产品、服务、品牌、广告商和行业实现增长的最简单、最明显、最清晰、最确凿和最简单的方式。但它本身的合理性和简单性反而令它被所有人事先就排除在外，大家甚至没有去分析相关的数据来应对这个问题：它同时既是挑战，也是机遇。

向美国学习

《控制》杂志的主编哈维尔·圣罗曼曾经非常简明扼要地阐述道："即便是最多疑的人，只要给他看一眼国家统计局制作的简简单单的人口金字塔结构图，他就能意识到很少有产品或服务能够在自己的市场战略中不将这些目标受众（即银发群体）列入考虑。在大部分的情况下，如此轻率的市场策略不亚于自取灭亡。"

人口老龄化是一个全球性的现象。尤其是在欧洲、美国和其他发达国家，人口老龄化的现象更是普遍存在。和其他所有全球化趋势一样，美国在社会老龄化方面的趋势最为明显，但由于预期寿命的增加、出生率减少导致的人口结构变化、女性生育年龄的推迟等原因，西班牙的社会老龄化趋势也同样不可避免。还有一些其他的推动社会老龄化的因素有待进一步的分析，例如养老金支出、年轻人的工资水平变化、年轻人离开家庭独立的年龄越来越晚等。

尽管每个国家各有其特殊情况，但上述这些

问题在大部分发达国家市场中都普遍存在。最重要的是，在所有国家，这一趋势都在加速增长，其进程日复一日地日渐加快。因此，企业必须要尽快做出反应。越早采取行动、并做出正确决策的企业，将越能够更好地利用这些全新的机遇，在面对未来时，也将有更大的机会来获得成功。

第二章　银发经济——真金白银的经济机遇

“最伟大的营销革命已经到来，远比想象中来得更近。”

滚石乐队成员的平均年龄已经达到 78 岁，在 60 年的音乐生涯中，这支乐队取得了无可争辩的巨大成功。在最近的一次全球巡演中，所有演出的门票均被抢购一空，他们在多个国家最大的体育场召开演唱会，场场爆满，座无虚席。

保罗·麦卡特尼已经 80 岁了，据许多评论家称，他现在正在创作自己最好的歌曲。

雷德利·斯科特、马丁·斯科塞斯、伍迪·艾伦等许多超过 70 岁的优秀导演仍在推出优秀的电影作品，不断证明他们仍有很多可以贡献和传授的东西；无数男女演员也是如此。“老年”作家仍在创作巅峰期的例子更是不胜枚举。

甚至连超级英雄也进入了“银发时代”：2022 年是蜘蛛侠、雷神、绿巨人和钢铁侠诞生的 60 周年，而漫威的传奇也已经进入第三个十年。这四位偶像是在 1962 至 1963 年初推出的，至今声望丝毫未减。他们即将开始自己的第七个十年，丝毫没有退休的打算，只是对他们是否仍适应当今这个世界心存疑虑。(《国家报》，2022 年 8 月 13 日)。

当然了，对于如今这样一个高速发展变化的世界，每个人都会担心自己能否适应。但同样显而易见的是，年龄早已不再是衡量一个人在各个领域能做什么或不能做什么的阻碍：无论是音乐、文学、电影艺术，还是对适应社会和日常生活的各个方面来说都一样。自然，营销领域也不例外。

如今，我们的寿命越来越长，西班牙更是全球预期寿命第二高的国家。多活一些年岁固然重要，但更重要的是，如何让我们在各方面的体验能够越来越好：身体健康，无病无灾，充满做事的热情，享受生活的乐趣，继续坚持学习，积累经验…… 简言之，继续消费和购买各种类型的产品和服务。

每五个欧洲人中的一个

截至 2020 年，21% 的欧洲人口年龄在 65 岁及以上，比 2001 年的 16% 增加了 5 个百分点。80 岁及以上人群在 2020 年的总人口占比接近 6%，较 2001 年的 3.4% 几乎翻了一番。与此同时，在欧盟内部，2020 年 0 ~ 19 岁年龄段的年轻人占比为 20%，较 2001 年的 23% 低了 3 个百分点。

在这其中，年龄在 65 岁及以上人群在总人口中占比最高的国家分别是意大利（23%）、希腊、芬兰、葡萄牙、德国和保加利亚（均为22%），最低的则是爱尔兰（14%）和卢森堡（15%）。西班牙的65岁以上人口占比略低于平均水平，为19.4%。在芬兰等国，这一人口占比已经增加了七个百分点。

2001至2020年间，除瑞典以外，所有欧盟成员国中80岁及以上年龄段的人口比例也都有所增加（瑞典保持不变，稳定在5%）。在某些国家，该年龄段的人口比例大幅翻了一番：立陶宛和克罗地亚从2001年的2%增加到2020年的6%，罗马尼亚、保加利亚和斯洛文尼亚从2001年的2%增加到2020年的5%[①]。

根据欧盟统计局的数据显示，21世纪以来，欧盟各国65~79岁年龄段的人口比例一直在稳步上升，总人口占比从12.4%增至14.6%。最高的增长发生在2011年（12.8%）至2020年之间，这十年间增长了近2个百分点。

① 数据出自国家统计局。

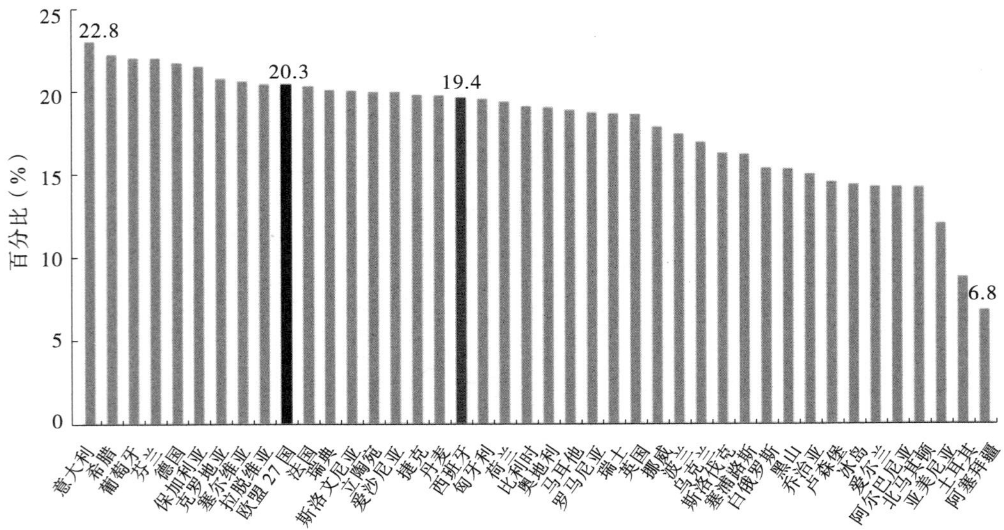

图 2.1　65 岁及以上人群的人口占比（欧洲，2019 年）

注：仅欧盟 27 国（EU-27）的全球百分比：20.3%。

数据来源：2019 年 1 月 1 日按性别划分的广泛年龄组人口（demo_pjanbroad）。

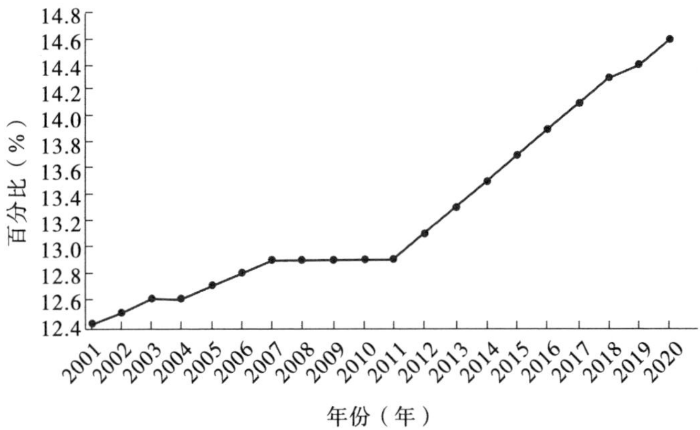

图 2.2　65～79 岁人口占总人口的百分比（欧盟）

数据来源：欧洲统计局。

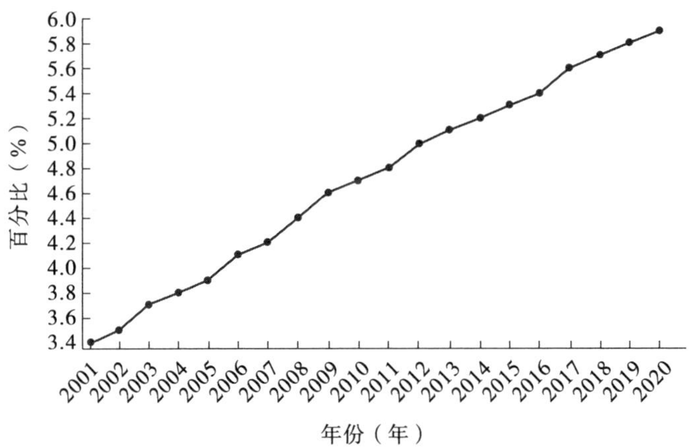

图 2.3　80 岁及以上人口占总人口的百分比（欧盟）

数据来源：欧洲统计局。

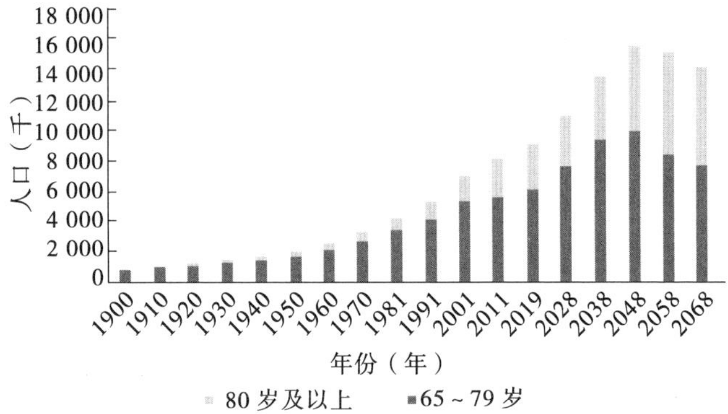

图 2.4 西班牙 65 岁及以上人口的演变（1900—2068 年）

注：1900—2018 年数据为实际数据；2028—2068 年数据为预测数据。

数据来源：国家统计局 1900—2011 年：人口及住房普查。2019 年：截至 2019 年 1 月 1 日的持续户籍登记统计。查询日期：2020 年 1 月；2028—2068 年：人口预测。查询时间：2019 年 1 月。

毫无疑问，如今的 65 岁以上老人已经不再是过去那种经典的拄着拐杖、坐在长凳上喂鸽子、看着防护栏后方建筑工地施工的传统形象了。现在出生的孩子未来将有望活上近一百年，不但寿命更长，而且更重要的是生活条件也更好，也有越来越多的时间尽情享受生活。

近年来，预期寿命仍在持续增长，只除了新型冠状病毒感染疫情造成过突然中断，但这也有望很快恢复。女性的预期寿命将超过 85.56 岁，男性的预期寿命则在 79.67 岁，接近 80 岁。

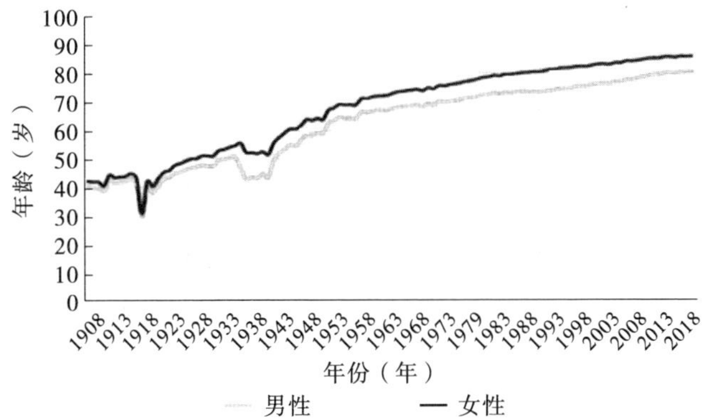

图 2.5　1908—2018 年的预期寿命情况，按性别划分

数据来源：1908—1974 年：人口死亡率数据库。1975—2018 年：西班牙国家统计局，死亡率图标。查询时间：2020 年 1 月。

而在一个世纪以前的 20 世纪 20 年代，西班牙的预期寿命还不到 40 岁。到了 20 世纪 50 年代，平均预期寿命达到了 60 岁，在此之后，除了新型冠状病毒感染疫情大流行的几年之外一直保持持续增长。

超过九百万

根据户籍登记数据显示，截至2019年1月1日，西班牙65岁以上人群在总人口中的占比达到19.3%，总共905万人。其中女性占56.8%，共计514万人；男性占43.2%，共计391万人。

预期寿命的增长以及出生率的下滑，导致西班牙的人口金字塔结构发生了显著的变化。年轻群体的占比越来越小，老年人的占比则不断增加。

西班牙国家统计局的数据显示，从1995年到2050年，西班牙的人口金字塔结构将完全倒转。届时，65～69岁年龄段的人群将占据总人口中的最高百分比，年龄在此之上的人群比例都将大幅增加，而30岁以下年龄段的总人口比例则将继续下降。

不用等到2050年，即便今时今日，65岁以上人群的数量已经空前庞大，在社会中的重要性更是前所未有。过去对他们或多或少带着点屈尊俯就的那些称谓和形容，比如老人、老前辈、领取养老金者、退休人员之类的，如今已不再具有任何意义。

表 2.1 西班牙老年人口状况

西班牙老年人	总数		
	两种性别	男性	女性
总人口（人）	47 007 367	23 033 803	23 973 564
老年人口总数（人）	9 055 580	3 911 133	5 144 447
老年人口在总人口中占比	19.3%		
按性别划分的老年人口占比		43.2%	56.8%
超过 80 岁以上人数（人）	2 864 341	1 052 328	1 812 013
超过 80 岁 /65 岁的占比	31.6%	26.9%	35.2%
65 ~ 69 岁	2 398 245	1 141 578	1 256 667
70 ~ 74 岁	2 175 337	1 003 228	1 172 109
80 ~ 84 岁	1 353 638	545 961	807 677
85 ~ 90 岁	975 182	352 238	622 944
90 ~ 94 岁	415 525	125 366	290 159
95 ~ 99 岁	103 609	25 282	78 327
100 岁及以上	16 387	3 481	12 906

注：户籍登记数据。截至 2019 年 1 月 1 日的临时数据。

数据来源：基于西班牙国家统计局数据，Lide A 论坛自行调整。查询时间：2019 年 8 月 20 日。

过去，在大多数情况下，“老年人”意味着与世隔绝或是远离现实生活，好像这些人已经成了被无视的存在，大家对他们唯一的要求就是不要太麻烦其他人。而在如今，这些经典的贬义观感已经不再具有代表性的意义了。

更高的生活质量

现代的银发一族不但寿命更长，而且生活质量也远比过去更高。欧盟统计局基于慢性病发病率和自我健康感知的一般数据分析了健康预期寿命。女性的预期寿命比男性更长，但由于她们的生存时间长，患病率也高，因此她们对健康生活的预期较低。以 65 岁以上处在健康状态的时长百分比来衡量，男女之间的对比显而易见：男性有 59% 的时间处于良好的健康状态下，不影响他们的任何行动；而女性中处于健康状态的时长则只占总时长的 48.1%。但无论如何，过了 65 岁之后，无论男女都有 50% ~ 60% 的时间是处于健康状态下的，平均超过十年。这是一个很高的比例，而且意义重大。

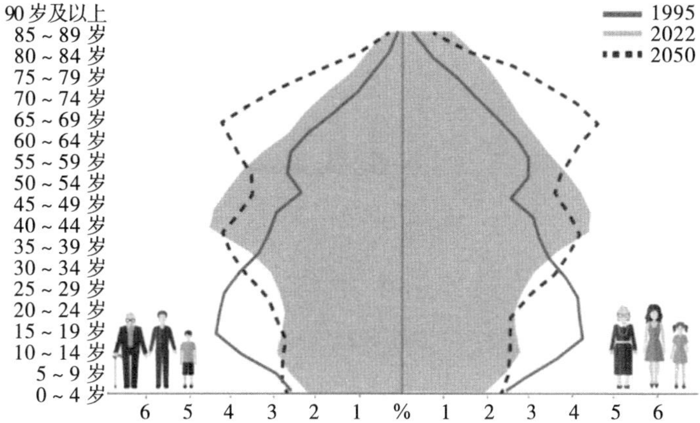

图 2.6　西班牙人口结构金字塔：过去、现在和未来

数据来源：西班牙国家统计局。

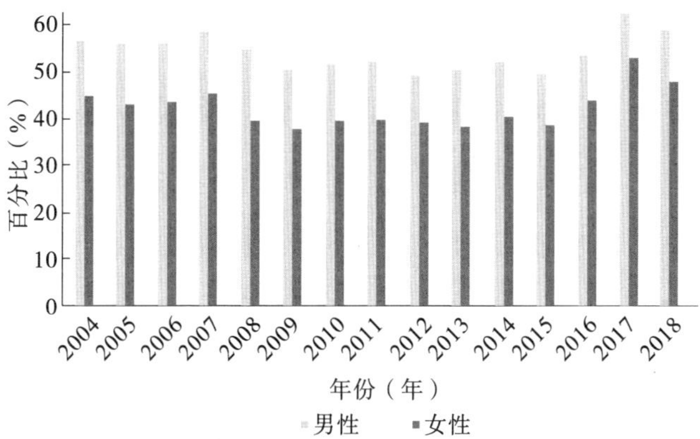

图 2.7　65 岁时的健康预期寿命占总预期寿命的百分比（%）

注：按性别划分。西班牙 2004—2018 年。

数据来源：欧盟统计局：健康生命年。查询时间：2020 年 2 月。

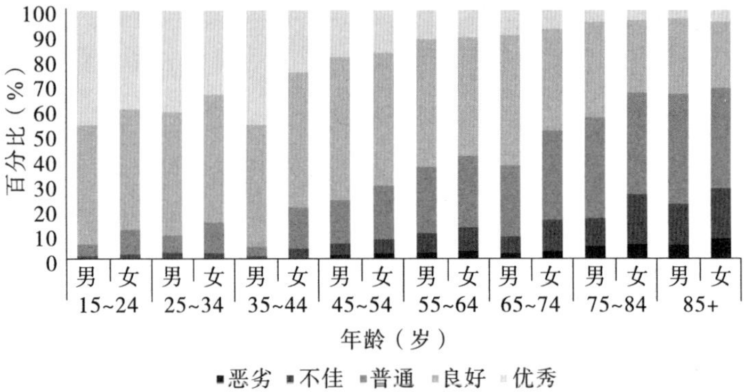

图 2.8　2017 年按性别和年龄组分布的自我感知健康状况百分比（%）

数据来源：西班牙国家统计局：2017 年国民健康调查。查询时间：2019 年 1 月。

个体对自身健康状况的评估受到自身所患的疾病、个体特征和其他社会经济或居住原因的影响，同时也反应了个体周围的社会、经济和环境因素。根据 2017 年的国民健康调查，65 岁以上的人群中，45.4% 的人认为自己的健康状况良好或非常良好，而在其他人群中这一比例则为 80.6%。随着年龄的增长，对健康的自我评价会变得越来越负面，这也合乎逻辑，同理，自我评价也会根据性别不同而有所差异。52.3% 的老年

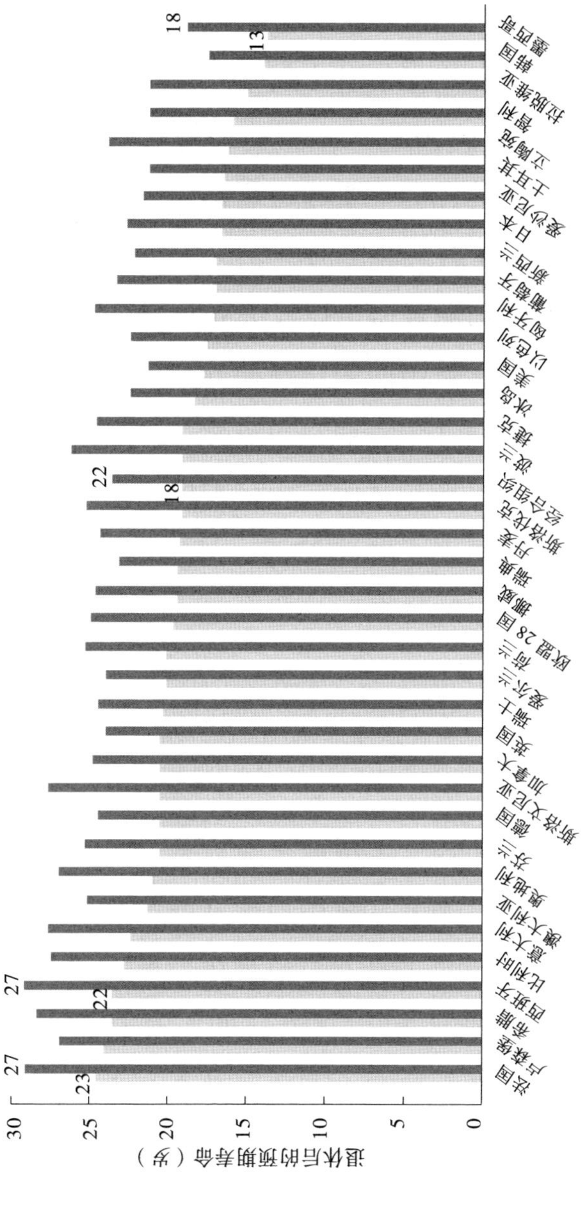

图 2.9　退休后的预期寿命（经合组织，2018 年）

数据来源：经合组织：养老金概览，2019 年。

男性认为自己的健康状况良好或优秀，而在女性中这一比例仅为40%。令人振奋的是，在所有年龄段中，包括80岁以上人群，认为自己健康状况良好或优秀的比例，要远远高过认为自己健康状况糟糕或不佳的人群比例。

退休后的预期寿命也比过去要长得多：2018年，经合组织成员国的平均预期寿命为男性退休后18年，女性22年。而在西班牙，这一数字更是远高于平均水平，是所有成员国中退休后预期寿命第四高的国家：男性22年，女性27年；仅次于法国、卢森堡和希腊。

银发革命

如今，老年人正变得越来越长寿，未来预期寿命还将更长。而且，他们的健康状况普遍要比过去好得多。由于这群人已经退休，他们可支配的闲暇时间也很充裕。我们的整个社会正在经历最伟大的变革，他们就是这场革命的主角；而且在不久后的将来，他们的地位还会变得愈发重要。

在市场营销中习惯用标签为不同的群体分类，上述现象就被定义为“银发经济”（Silver Economy），指的是在很多案例中展示的老年人银色的鬓边。自豪地展示出银丝或白发，如今甚至可被认为是一种隐喻，暗示着这位长者日益增长的声望、自尊自爱的品性和在社会上的重要性。而在不久之前，这种现象还不太常见。过去，头发花白还几近被认为是一种可耻的现象，有些人甚至会认为这是一种懒散和疏忽的表现。人们普遍采用染发和漂染的方式来遮掩白发，尤其对老年女性来说，染发几乎成了一种义务。而如今，白发不仅仅被视作一种时尚，甚至被看作是一种恢复老年人应得尊重的主张。就像之前看起来还很奇怪的紫色、绿色、橙色等明亮的颜色开始流行起来一样，满头白发如今也被视为是优雅的体现。

就在不久之前，一场以“变老”为口号的时尚营销活动能取得成功还是难以想象的，但是Adolfo Domínguez 却与其中国代理商合作，实现了这一目标。一个销售时尚和潮流商品的品牌，会把头发花白、满脸皱纹的老年人包装成智者和具有吸引力的意见领袖，在过去看起来似乎无异于自寻死路。但是，这场营销活动却以其突破性的创意，成功传递了可持续发展、睿智、关爱、博识等观念，尤其是展现了某种凌驾于一时流行的时尚趋势之上的美感和吸引力，超越了时尚行业中盛行的即用即弃的观念。

值得一提的是，该营销活动的目标受众并非仅仅是银发一族，即与广告主角年龄相仿的老年人；而是面向所有年龄段，尤其是针对二十岁出头的年轻人。这些年轻消费者正在日渐关注时尚行业的“快消”式廉价、低质量的产品对自然资源的过度索取和污染（时尚业是造成这些污染的主要源头之一）。该品牌试图站在市场绝大多数人的对立面，说服大家接受一个新的理念，即购买数量更少、质量更高的服装要比买那些只会短暂流行、却越来越不耐用的时装更为明智。将银发一族作为这一行动的榜样，并影响所有人效仿追随，表明了这一群体在各个行业中都越来越备受重视，甚至在那些更依赖潮流、面向年轻人的行业，如时尚行业中也不例外。

超过西班牙全部财富的 65%

和许多其他的趋势一样，关于银发经济现象的探讨在多年以前就率先在美国兴起，而在西班牙，相关的研究则滞后了很久。而且，就在我们的国家开始日渐重视这个话题的时候，2020 年新型冠状病毒感染疫情爆发，所有关于这个命题的相关分析、研究和策略制定工作都几近彻底停滞。除了其他种种客观因素之外，还有一个很大的原因就是因为疫情对年长者造成了尤为极端的影响。

因此，直到 2022 年，银发经济在西班牙才开始受到高度重视。相对美国和其他国家，西班牙的研究滞后了几年，但好处是如今我们有了更多的信息、数据、经验和知识可以现学现用。其他国家的经验也再次支持和证明了这个观点：即企业和品牌如果不能迅速关注这一议题，并立即开展行动、采取决策，就会在竞争中面临错失机会的巨大风险，并且有可能在市场的发展中落后于人，甚至是被超越。

有一些数据如此显而易见，其重要性不言而喻：在美国，60 岁以上的老年人控制着全国总财富的 80%。换句话说，几乎所有的流动资金都在他们手中。

在西班牙，这一数字没有这么高，但也占到了全国总财富的 65%，而且这一比例还在持续增长。甚至在一些对经济不利的境况，例如新冠病毒感染疫情大流行中，获益的也是老年群体。有研究表明，在大流行时期，所有的储蓄都集中在超过 60 岁以上的老年人手中。

据欧盟委员会分析，2019—2030 年欧洲银发经济的增长潜力超过年均 5%，到 2025 年将达到 5.7 万亿欧元。自然，欧洲大陆的各个国家之间仍存在不小的差异。增长潜力最大的是爱尔兰，预计年均增长超过 20%。其次是西班牙，每年增长 17%。接下来是德国、希腊、瑞典、奥地利和英国。几乎所有欧洲国家，预计到 2030 年，银发经济的增长都将超过 10%，只有意大利、挪威和芬兰除外。

银发经济（60 岁 +）欧洲消费力增长（2019—2030 年）

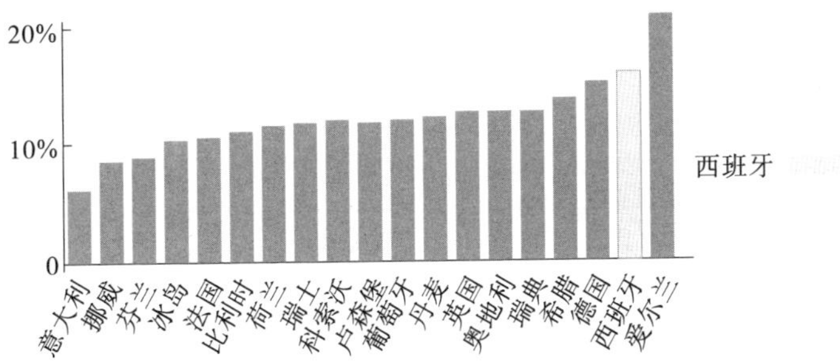

图 2.10　欧洲银发经济最高增长预期

数据来源：欧盟委员会。

老年人不仅在人数上快速增长，而且相比其他各个世代和年龄群体来说，他们拥有更强大的购买力。老年群体不仅拥有最多的财富，也是最大的消费者群体：在整个欧盟，60 岁以上老年人的消费额占私人消费总额的三分之一。而且，这一比例还在呈现明显的增长趋势：2015 年为 27%，到 2020 年已增至 31%，预计到 2025 年将超过 33%。与此同时，其他年龄群体在总消费中的权重则逐渐减少：预计在2015—2025年，35岁以下人群的消费权重将从19%下降至18%；35～49岁人群的消费将从31%下降至30%；而50～59岁人群的消费下降幅度最大，将从23%降至19%。

表2.2 各个年龄段消费支出

年龄组	2015年	2020年	2025年（预测）
＜35岁	19%	19%	18%
35～49岁	31%	30%	30%
50～59岁	23%	20%	19%
＞60岁	27%	31%	33%

数据来源：基于西班牙国家统计局数据整理。

老年人拥有最高的平均收入

造成这一趋势的原因首先要从人口演变和人口金字塔结构的变化开始解释，其中老年人的增长速度远远超过较年轻的年龄层。但同样重要，甚至更值得重视的则是各个年龄段人群的可支配收入也在过去几年中发生了显著的变化。据《世界报》刊登的西班牙国家统计局数据显示，65岁以上人群的个人年收入自2008年以来一直在增长，仅在2011年有过偶尔一次小幅下滑。在过去的14年间，65岁以上人群的人均年收入从2008年的10 893欧元增长到2021年的14 426欧元，自2013年以来一直是各年龄组中的最高年收入人群。

在其他的三个年龄段，年收入的发展情况则要糟糕得多。2008年的经济危机导致了之后五六年里收入的大幅下降，这一趋势一直持续到2015年；直到2020年，经济情况才有所复苏，这一年他们终于成功恢复到了十年前（即2009和2010年）的年平均收入水平。之后，受到新型冠状病毒感染疫情的影响，2021年又出现了新一轮的全面下降。受这些因素影响，45～64岁人群在2008年的年平均收入为12 413欧元，到2012年为止拥有最高年平均收入；而到了2021年，该人群的年平均收入为13 373欧元，比65

岁以上人群低了1050欧元。30～44岁人群的情况则更糟，2021年的年平均收入为12 012欧元，仅比2008年的11 024欧元高出不到1000欧元。而16～29岁的人群在2021年的年平均收入为10 903欧元，与2008年的年平均收入为10 321欧元相当。

造成这一现象的原因很简单：尽管养老金并不总随着消费者物价指数（IPC）的上涨而同步上升，但在发生经济危机的大多数年份中，养老金所遭受的损失要小于工资。此外，几乎所有65岁以上的老年人都有养老金，即便他们此前只缴纳了最低限度的配额。而在2010年的经济危机中，失业人数激增，在2014年和2015年总失业人口超过550万人。在疫情爆发后，政府提供了更多的援助措施，并实施了“临时雇佣停工计划”（ERTE），因此，失业率并没有像之前那样急剧上升；截至2022年7月，据统计共有280万人失业，这一数字仅为七年前的一半。但无论如何，平均收入都会在统计上反映出该年龄段所有人口收入的平均值，包括在职人员、失业人员、拥有巨额财产的人、一贫如洗的人、工资极高的人群、仅领取最低基本工资的人群等等。这些人的收入将被均等纳入，进行平均统计。

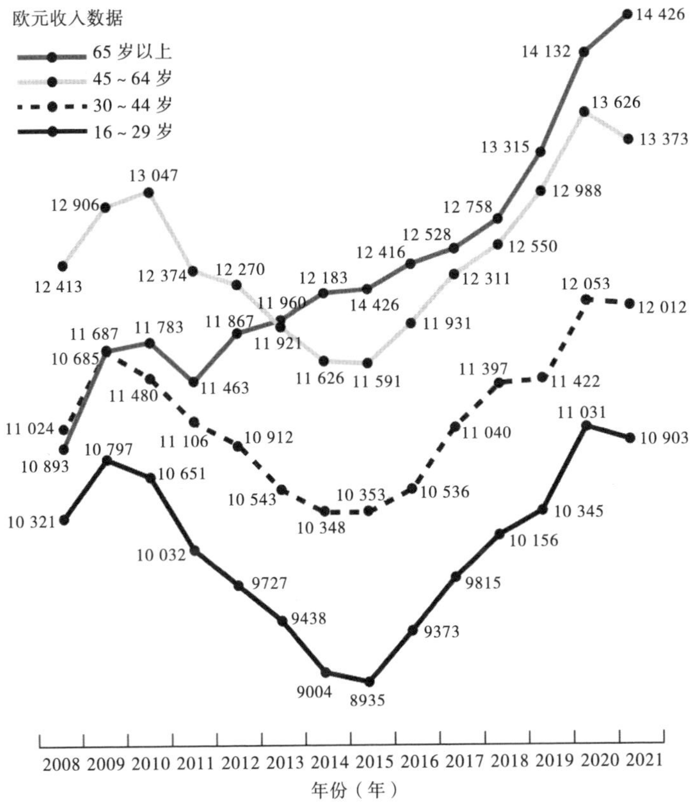

图 2.11　根据年龄段划分的人均年收入的演变

数据来源：西班牙国家统计局。《世界报》。

只有银发一族的财富仍在增长

数据证实，2008年经济危机对年青一代的影响比对银发一族要严重得多。后者仍能保有他们的财富，甚至还能够有所增长。在过去的14年里，西班牙所有年龄段的财富都在下降，但如果一家之主的年龄超过75岁，情况则会有所例外。这类家庭的财富在2008—2020年增长了25%。

对比之下，户主年龄在35岁以下的家庭财富减少了56%；年龄在35~44岁的，家庭财富减少了39%；户主年龄在45~54岁的家庭，财富减少了27%；年龄在55~64岁的，财富减少了32%。

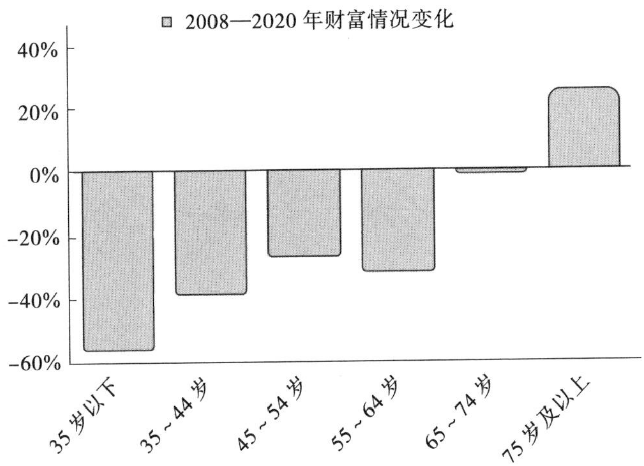

图 2.12　各年龄段户主家庭财富 2008—2020 年情况变化

数据来源：西班牙银行。

两个比较显著的例外都来自银发一族。户主年龄在 65 ~ 74 岁之间的家庭基本上能够保住他们的财富，总体只下降了 1%；而上文提到的户主在 75 岁以上的家庭，财富则完全不受影响。根据 65ymas.com 发布的西班牙银行的数据，这类家庭的财富比 2008 年还增加了 25%，平均达到 369 436 欧元。

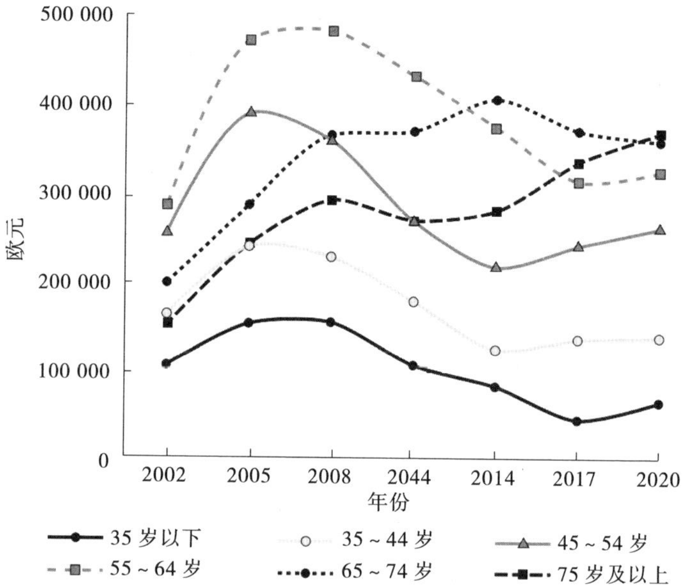

图 2.13 家庭收入

数据来源：西班牙银行。

如果我们按照户主的年龄段分层去分析过去20年来西班牙家庭的财富发展情况，我们就会发现，在2008年经济危机开始以前，所有年龄段的财富都在增长；之后，所有户主在64岁以下的家庭收入都出现了急剧下降。只有老年人即便受到经济危机的影响，仍然能够维持甚至增加家庭财富，也因此提升了他们的消费潜力。

第三章　从婴儿潮到Z世代

“市场细分是找到巨大商机的关键。”

准确的市场细分是营销领域的基础和关键手段之一，几十年以来一直被广泛采用。早在多年以前，人们就已经发现，比起大规模的广告投放和营销策略，针对性地将资源集中导向给特定的目标群体或受众，效果反而会更好。

市场细分的基本概念在于把某个产品或服务的整体市场划分为若干个同质的子集，每个子集的受众都具有相似的习惯、需求和品位，这些子集就是细分市场。通过这种方式，企业能够更好地调整其营销策略，以满足部分或全部细分市场的具体需求。

通过市场细分，我们将具有相似需求的消费者分门别类地归组。当然，这不是数学公式，市场的细分并不是完全精确、一成不变的，因为同一消费者在不同的消费场景或购买情境下也可能会隶属于不同的细分群体。

既然已经明确，比起通过大众媒体和不加区别的大规模广告进行传统的大众营销，针对不同的消费者群体或细分市场进行营销要高效得多，过去几十年来，这种做法便已成为市场的普遍趋势。由于整体消费者群体数量庞大、过于分散，各个群体之间的实际需求和行为表现又都差异极大，因此，企业无法以同样的方式面向所有消费者，吸引并说服他们关注自家品牌。

因此，企业将庞大的异构市场划分为一个个较小的细分市场。通过提供满足其特定需求的产品和服务，企业可以更快速、更高效地进入这些细分市场。

企业在营销计划中对细分市场会有一定的

要求。首先，其规模必须可衡量，而且该细分市场要足够大才能实现盈利。其次，对于企业所提供的产品和服务来说，这些细分市场必须是可及的。再次，细分市场之间还要有足够的区隔度，这样企业才能针对性地制定有效的营销方案。最后，在这些细分市场中，必须确保企业所实施的市场营销方案是行之有效的。

在满足上述这些要求的前提下，企业可以针对消费者制定出大量细分市场的营销方案。其中，以年龄来对消费者群体进行划分是一种基本的划分标准，因为这种划分方式能满足上述的所有条件，将大体量的人群划分为不同的组，每个群体的消费行为又都相当类似。

通过将人口按不同的世代划分，我们可以看到人们在不同的年龄段和人生不同的阶段中，其消费行为和生活方式是如何变化的。我们刚才已经指出，这种划分并非严格遵循某种数学规则那么精确，但品牌已借此了解到了几十年来人们的主要消费行为是如何变化的，这将大大地有助于品牌针对每个人口细分群体制定最合适、最有效的营销策略。

无数研究和出版物都已经对我们当今所处的时代进行了代际划分，这些不同的世代在很大程度上也正是企业营销和传播方案所面向的主要细分市场。每个世代都有其明确的代际特征，而其大部分成员都普遍具有这些特征。

“Z 世代”，生于 21 世纪

我们先从最年轻的一代开始讨论。这代人被称为“Z 世代”，其出生年份介于 1998—2009 年，即 20 世纪末和 21 世纪的第一个十年之间。这些年轻人是品牌渴望争取的对象，各品牌都面向这个群体投入了大量的营销资源。这一群体理论上会成为新的潜在消费者，帮助几乎所有的公司在现在和不久之后的将来实现销售和利润的快速增长。他们就像是品牌渴望的黄金国或应许之地。确实，这些年轻人有望成为任何品牌的潜在消费者，他们对所有事物都持开放态度，勇于尝试新的产品和服务。他们通常还没有养成固定的消费喜好，同时又不介意在决策时冒犯错误的风险。基于这些因素，一直以来很多行业的市场营销都会优先面向这个年龄段的群体。

问题在于，绝大多数Z世代年轻人的购买力非常低。他们在经济上主要仰赖自己的父母，而且就算他们花钱时，其兴趣点也都集中在一些非常具体的特定产品上，比如智能手机、衣服、鞋子等特定商品。他们仍和自己的父母同住，因此还不需要购买大众消费品（如食品、清洁用品、个人卫生用品和美容产品等）。

而且，这一代年轻人也并不考虑在短期或中长期独立。根据欧洲统计局Eurostat的数据显示，2021年，西班牙年轻人离开家庭独立的平均年龄为29.8岁，对比欧洲整体平均年龄的26.4岁要高出三岁。只有克罗地亚、斯洛伐克、马耳他、意大利和葡萄牙的年轻人比西班牙更晚离家独立，这些国家的年轻人平均离家年龄已经超过了30岁。这些数据与其他国家形成了鲜明对比，例如瑞典年轻人平均在17.5岁时就已经独立生活了，而丹麦人则平均在21.2岁时独立。不同性别之间也存在显著差异：在西班牙，男性平均离家年龄为30.7岁，而女性则平均在28.8岁时离家独立。

这些年轻人至今仍在学习、找工作，或是从事不稳定的临时工作。此外，这个年龄段的一些传统的消费欲望已经发生了根本性的变化。一个典型的例子就是如今大部分Z世代的年轻人并不想自己开车，也不想买车。他们宁可共享、租赁汽车或在需要时使用公共交通服务。同样的情况也发生在许多其他消费观上：这代年轻人对于过去同年龄段的人群曾经趋之若鹜的许多消费已经不再那么热衷了。

千禧一代，为独立而奋斗

出生于1981—1997年的一代人被称为“千禧一代”。这代人中的大多数已经独立，或是正处在组建家庭的阶段。不过，这代人的家庭观和他们的前辈相比也显得很不一样，有很大一部分情侣并未在教堂举办婚礼或是进行婚姻登记，只是单纯地作为伴侣同居在一起。许多人已经有了小孩或是计划要生孩子，这就意味着巨大的生活开支，包括租金或抵押贷款、其他贷款、学费、课外活动，以及其他各种家庭生活的必要开支……这一代人是受到近年来几次经济危机的影响最为严重的一代，无论是2008—2010年的全球金融危机，还是自2020年起全球新冠病毒感染疫情大流行带来的后果都直接影响着他们。千禧一代有很多开支，这直接阻碍了他们的购买和消费，因为每当他们有额外的收入时，总有些需要支付的硬性支出。这代人也非常担心其就业的不稳定性，因此即便他们手里有钱也不愿意过度消费。

X世代，未雨绸缪

X世代是指出生于1965—1980年的一代，他们中的大部分人正在为即将到来的退休阶段而尽力储蓄。许多人的儿女介于 20 岁到 25 岁之间，正好是 Z 世代的年龄段，有的甚至更小。因此，他们需要在经济上支持自己尚未独立的子女。而且正如前文所述，年青一代离家独立的年龄越来越晚，在西班牙，平均独立年龄几乎要等到 30 岁。这一代人在经济危机中也受到了相当大的影响。他们必须要通过各种无法避免的必要支出来维持高水平的生活质量，因此，其中的大部分人无法再承担被认为是“不必要”的一些奢侈开销。这些人有在消费，这一点显而易见。他们需要吃饭，维持家庭生活，也进行许多日常采购，但他们没有太多的钱花在其他并非必须的产品和服务上。

“婴儿潮”一代，富裕的一代

最后是“婴儿潮”的那一代人，生于 1946—1964 年。他们中的大部分也已退休，剩下的也正在逐渐退出职场。这群人过去一直保持着谨慎、保守的心态，因此能够靠一生所积累的财富和养老金来度过余生。他们中的大部分人目前已经不再工作，支出相对减少。这一代的大多数人过去都早早地结婚、生育，总是生活在一种匆匆忙忙的快节奏里，一直要“赶紧，赶紧”；而如今他们的生活要比过去平静得多，因为其中的大部分人都有了自己的住房。

奥古斯丁·梅迪纳回忆道：“我们从很年轻的时候就开始工作了。我 14 岁时就开始下午工作，晚上上学；23 岁就结婚，到了 27 岁，我已经有了三个孩子。那种生活节奏很快，一直都匆匆忙忙的。我们一有能力就贷款买了一套公寓，所以我好几年以前就已经还完了第一套房子的钱。”

如今，“婴儿潮”一代最关注的就是如何享受生活，因为他们知道自己所剩的时间已经不多了。不过事实上，他们的寿命仍在不断延长，很多疾病在预防、治疗和预后都有了很长足的进步，因此这一代老年人的生活质量也得到了大幅度的提高。他们关注如何花费自己手头所拥有和积累的财富，如何从中获得享受，而不是“成为坟墓里最富有的人”。这一代人时间自由，可以在一年中的任何一个月份出门去旅行，而不是仅仅在七月和八月这两个人最多、最昂贵、情况最复杂的月份。

“婴儿潮”一代中的大部分人能够更好地消费和享受生活的乐趣。众所周知，这一代人出生于西班牙有史以来最大的生育高峰期，因此人数众多。这些人的收入更高，在总人口中所占的比例也越来越大，这使得他们成为几乎所有品牌最感兴趣的目标受众：一方面是因为他们拥有更高的财力，另一方面也是因为这个年龄段的人口最多。

因此，著名的“婴儿潮“一代才是银发经济绝对的主角。这代人出生于从第二次世界大战结束至20世纪60年代中期的生育高峰期，他们是X世代的父辈，也是千禧一代和Z世代的祖父母。

他们中的许多人在一种相对平稳的状态下退休，身体健康状况依然良好。如今，他们开始过上一种新的生活，并开始考虑给自己一些过去不得不放弃的奢侈享受。

聆听消费者

费尔南多·埃雷罗指出，这种自我放纵的消费倾向意味着无与伦比的市场营销机遇，仍有待被人发掘利用："我们应该从这个问题出发：我的品牌能如何解决这些人的问题？答案很明确，我们需要倾听，因为解决方案始终在消费者身上。"

很明显，要充分发掘银发经济的潜力，就必须聆听消费者的声音，并打破许多关于60岁以上人士的刻板既定印象。西班牙最大的广告商——欧莱雅消费与市场情报总监埃斯特法尼亚·亚古兹认为，设定60岁的年龄门槛可能会产生很大的误导，因为很多年过六十的消费者的表现都迥然相异。"在'银发一族'这个通用术语的大类下，有必要分出各种亚组，因为关于年龄的感知本身就很主观。它与个体的感知密切相关，很难客观体现。就在最近的一项研究中，有80%的受访者表示他们感觉自己比同龄人更为年轻。重点是要意识到，这群目标客户在做出消费决策时不会询问别人对他们的期望，而只会考虑他们自己的期待。”她表示。

西班牙国家统计局的数据显示，年龄在20~30岁的西班牙人总人口为480万人，平均收入11 000欧元；相比之下，年龄在60~70岁的西班牙人总人口数为580万人，平均收入则达到14 000欧元。后者人数更多，资金更充足，而且也有更大的消费潜力，因为他们承担的家庭消费义务更少，需要硬性支出或在消费上不得不妥协的情况也要少得多。

总体而言，上述数据显示，年龄在20~30岁的人群所拥有的总资产共计533.01亿欧元，几乎比60~70岁这个区间的人口所总共拥有的816.85亿欧元少了近32%。换句话说，年轻人占这个市场的39%，而老年人占61%。抛开产品、市场、分销、传播等各种条件的区别不谈，我们可以很明显地看到，比起针对更年长的受众，面向年轻群体的营销所带来的机遇要小得多。

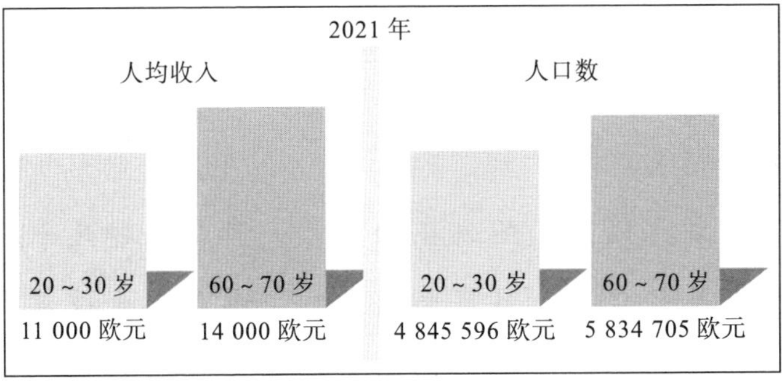

图 3.1　各年龄段人口与收入情况

数据来源：西班牙国家统计局，2021 年。

表 3.1　各年龄段人口与收入情况

	人均收入（欧元）	人口数	总收入（欧元）
20～30 岁	11 000	4 845 596	53 301 556 000
60～70 岁	14 000	5 834 701	81 685 870 000

数据来源：西班牙国家统计局，2021 年。

市场细分：向达能学习

达能是针对不同世代进行市场营销细分并取得非凡成功的最佳范例之一。该品牌在其整个发展历史上一直表现出善于寻找、选择和定位合适的目标客户的能力，并通过这种方式实现了业绩增长，大幅提高了该公司的酸奶和其他乳制品产品的销量。

多年以来，酸奶在西班牙一直是一种几乎不为人知的食品，只在药店出售，更多的是被看重其药用功能。此外，由于产品保质期短且需要保持冷链运输，因此还面临着复杂的保鲜和分销方面的挑战。直到20世纪50年代末，随着越来越多的商店配备了冰箱，尤其是到了60年代，冰箱也开始进入普通家庭后，达能看到了增长的机会。随后该品牌决定瞄准最具潜力的消费目标：儿童群体。当年的西班牙刚开始慢慢地摆脱物质匮乏和孤立的状态，每个家庭都在努力为子女提供最好的营养。而且，那时也是我国历史上出生率增长最快的年代，即“婴儿潮”时期。

因此，通过在电视和广播上以趣味的方式大作宣传，用卡通动画和一段一遍又一遍重复的广告口号（“给我达能，我喝达能，达能多美味。”），这种当时仍很新颖的健康乳制品大获成功。

之后的二十多年，儿童群体一直是酸奶产品的首要消费者，达能的销量也在持续增长。直到20世纪80年代，出现了一个新的、更加复杂的挑战：如何让被视为儿童食品的酸奶也能被30～55岁的消费者所接受？——无论如何，大部分成年人也需要摄入钙。于是，在不放弃仍是首要目标的儿童市场的情况下，达能的市场总监埃德华多·利里亚与RCP广告公司一起，发起了一项新的营销活动。广告主角是一群坐着的成年男女，他们看起来正在家里平静地休息。该广告鼓励他们摄入酸奶，几乎把它描述成一种运动员的食品，广告口号是“与达能一起锻炼”。目标市场选择得当，但这一战略当时效果不佳，可能是因为那时很少有人积极参加体育运动，而且将酸奶描述成一种高能量食品也显得很奇怪。

品牌很明确除了儿童以外，他们还要争取其父母作为产品的消费者。达能已经具备了健康食品的品牌形象，很多人从小就喝酸奶，如今也在继续为他们的孩子们购买这一产品。因此，品牌决定继续坚持对这一目标群体的营销活动。他们发起了一项新的营销企划，是整个西班牙广告史上最成功的营销案例之一："向你的孩子学习"。就像在和孩子玩游戏时一样，儿童与家长交换角色，将酸奶喂给自己的父母，将之前从父母身上学到的知识再次教授给他们。这场营销活动简单而又卓有成效，情感细腻又充满乐趣。达能借此突破市场，开发了一个新的大型客户群体，实现了让这些成年人消费酸奶和其他各种乳制品的目标。

在此基础之上，品牌又获得了另一项巨大的成功，再次缔造了达能的传奇故事，也又一次反映出品牌必须精准地针对每一个目标群体制定营销策略和策划创意的原则。20 世纪 90 年代，达能致力于征服另一代的目标群体——青少年和二十岁出头的年轻人。这些人对品牌用来说服儿童和年长者的健康理念可一点儿都不感兴趣，这些论调对他们毫无吸引力。于是，品牌基于年轻人对美貌、外表和个性吸引力这些话题更感兴趣的这一洞察，提出摄入脱脂酸奶和乳制品可以实现"达能身材"的论调。相关广告中的模特美丽动人，完全可以用来宣传香水产品，因为它主打的就是贩售性感魅力。于是，年轻人——这一新的目标受众，纷纷开始加入酸奶和其他乳制品的潜在消费者行列。

于是，在几十年的时间里，得益于一个品牌的深度耕耘，一种不知名的食品开始逐渐占据了商店、超市和大卖场的各大货架。除了这些大型的营销活动之外，达能还在持续不断地推出各种创新的增值产品，但始终集中在乳制品领域。通过针对各个目标群体度身定制营销和宣传方案，品牌逐步实现了起初难以想象的巨大成功。

第四章　老年人的消费

“60 岁以上的老年人拥有最大的财富，也贡献了最大的消费。”

Bankintercard 发布的《银发一代》报告（2021 年版）中指出，“婴儿潮”一代在各方面的花销都超过了 X 世代、千禧一代和 Z 世代。这一代人不但拥有更强的购买力，在很多情境下他们也比上述几代人在消费上有着更大的需求，比如说在化妆品、保健品、理发、药品和其他很多领域。在很多消费品领域，比如食品、餐饮、旅游、休闲等，这一点更是情有可原，因为老年人有更多的资金、闲暇时间和消费潜力。

鉴于这还是一个全新的话题，目前关于“银发经济”的定义还没有建立普遍的共识：有些人认为 65 岁以上才算老年人，在很多情况下这都是法定的传统退休年龄。但也有一些作者和研究将所有超过 60 岁的人群都视作老年。在有些情况下，银发经济甚至囊括了所有超过 50 岁的人，例如《国家报》在 2022 年 1 月 9 日发布的一篇新闻中，就强调了超过 50 岁以上的人群所消费的产品和服务相当于西班牙国内生产总值的 26%，证实超过四分之一的经济都直接依赖于这一人口群体的消费。而就在不久之前，这个群体还被视为是无关紧要的，在很大程度上只被视为占用养老金的对象。如今到了彻底改变这种观念的时候了。事实上，老年人口代表了巨大的经济机遇，这些人的养老金，加上他们一辈子所积累下来的储蓄，为所有类型的产品和服务都开拓了非凡的销售机遇。

对构成“银发经济”的大部分人群而言，当下对他们作为消费者的习惯和行为表现趋于保守的看法更多的只是来自理论而非实践，因为事实上，社会上正在发生的巨大变革也同样影响了大部分 60 岁以上的老年人，被他们所接受，并促使他们改变了自己的行为和习惯。这一变化几乎发生在所有行业，从旅游、食品、休闲娱乐到个人护理都有所体现。

追求更多

在化妆品行业，有许多主要消费者都是 50 岁或 60 岁以上的女性，但很奇怪，我们很少会在广告中看到这个年龄段的模特。这可能是因为广告的一大功能就是激发人们的欲望，而人们购买化妆品正是为了使自己感觉年轻、显得年轻、看起来能够小于自己的实际年龄。这些老年消费群体其实非常清楚，没有任何产品如此神奇，可以让她们像广告中的模特一样年轻 20～30 岁，但她们想要追求这种效果，通过购买和使用这些化妆品，让自己感觉更好。

一个针对老年女性的愿望来打广告的绝佳

案例是伊卡璐染发剂的广告，这也是历史上最成功的广告营销活动之一。1957 年，该产品首次在美国推出时，大部分的女性仍习惯于保持自然发色，只有十五分之一的女性会使用彩色的染发剂。而在十一年之后，根据《时代》杂志报道，近半的美国人染过头发。最好的证据是，在美国的很多州，女性不再被要求在驾照上注明头发的颜色，因为很多人的发色都不是真的，也就没有任何意义。

伊卡璐的营销与大部分品牌的做法截然相反：他们不希望女性承认使用了他们的产品，而是着力宣传染发的效果如何出色，以至于人们无法判断这些女性到底有没有使用该产品。广告中的问题是“她染了吗……还是没有染？”，而回答则是“……只有她的理发师知道”。这个论点是当时 FCB 广告公司创意部门中唯一的女性初级文案雪莉·波利科夫（Shirley Polykoff）提出的。她成功地让女性消费者相信，她们可以在完全不为人所知的情况下改变头发的颜色。在这之后的 6 年里，伊卡璐的销售额增长了 413%。这场营销持续了超过 15 年，彻底改变了整个行业。

在这场伟大的营销传播活动过去很久之后，染发剂行业已经证明了其不断发展、适应环境、利用各种时尚潮流趋势的能力。如今，该行业提供了丰富多彩的产品，包括各种颜色的染发剂，成功开拓了市场，让染发剂在各个年龄段都成为一种有用的、理想的选择，其受众群体覆盖年轻人、青少年和男性，如今该行业欣欣向荣，未来发展更是前景广阔。而且，它们还创造了一些就在不久之前还完全无法想象的时尚趋势，例如将头发染成灰色和白色。

老年人的网购

Bankintercard 的第五份报告显示，60 岁以上的人群是网购刷卡消费最少的一代，但同时也是相对增长最快的一代，其比例从 2017 年的 9% 增长到 2020 年的 16%，增幅达到 78%。

Bankinter 消费金融部门总经理阿方索·萨斯

(Alfonso Sáez) 表示："老年人远非过时的一代，甚至可以说他们正在变成潮流的追随者。银发一代的特征与年青一代正变得越来越相似。数字世界正在逐渐渗透到他们的日常生活中，并且，与线下的选择相比，网购正逐渐在他们的生活中占据一席之地。"

这项研究中还强调到，老年人会以谨慎的态度选择性地接近新技术。他们确实不是"数字原住民"，但他们也承认科技的益处，并已成功将其融入自己的日常生活中，享受着数字技术在日常沟通、获取信息、娱乐，当然还有购物等方面给他们带来的便利。他们会同时进行网购与传统购物。甚至在超市的在线消费中，这代人的花费比例才是最高的，占总在线支出的 2.2%，而 X 世代为 1.8%，千禧一代为 1.3%。

"银发一代"一生中四分之三的时间都在工作，如今，他们觉得自己到了该享受的时候了。他们将大量的时间和资源投入到个人护理上：2019 年，这一代人在化妆品和药品上花费的百分比最高，占其总支出的 3.8%（Z 世代为 2.5%），其中，大约52%用于药房，约22%用于美容美发。

在化妆品、美容美发和药房的相关花销方面，千禧一代的人均总支出为85.94欧元，比X世代人均104.98欧元的支出低了22%，更是显著低于银发一代。后者每人在这些产品和服务上的平均支出达到116.81欧元，比他们高出36%。

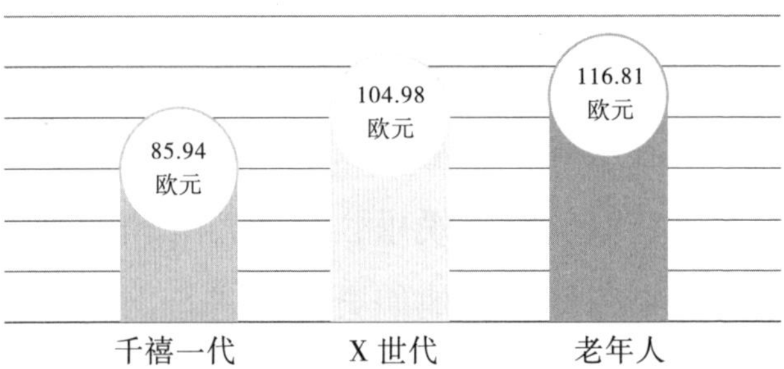

图4.1 化妆品、保健品、美容美发及药店相关花费人均总开销

数据来源：《银发一代》报告（2021年版）。Bankintercard。

此外，银发一族在旅行和航班上的花销也越来越高，2017—2019年分别增长了9%和14%，这也证明了老年人正感觉自己越来越年轻化。当然了，2020年起，由于新型冠状病毒感染疫情的大流行，这一趋势突然遭到中断，但所有迹象都证明一旦一切恢复正常，这种增长会以更加强劲的趋势回归。

如今的老年人也依然保持着活跃的社交生活，喜欢外出享受美食，他们和X世代并列成为在餐馆消费最高的群体。据Bankintercard称，2019年，60岁以上老年人人均要在外出就餐上花费329.73欧元。

老年人还热衷于购买奢侈品，并在这上面投入了相当一部分预算。2019年，这代人人均在奢侈品购物上花了189.39欧元，比X世代高出23%。而且值得注意的是，他们在使用信用卡购物时发生退货的情况也最少，仅占总购物额的3.2%。

同样，尽管很多人会默认年青一代最为团结，最热衷于社会公益服务、非政府组织和慈善事业，但实际上老年人群体才是在社会活动上花费最高的一代，其投入远超X世代和千禧一代：在2019年，他们在社会公益活动方面人均投入122欧元，是千禧一代的两倍。Bankintercard的数据显示，在新型冠状病毒感染疫情最艰难的时期，这一金额还有显著增长。

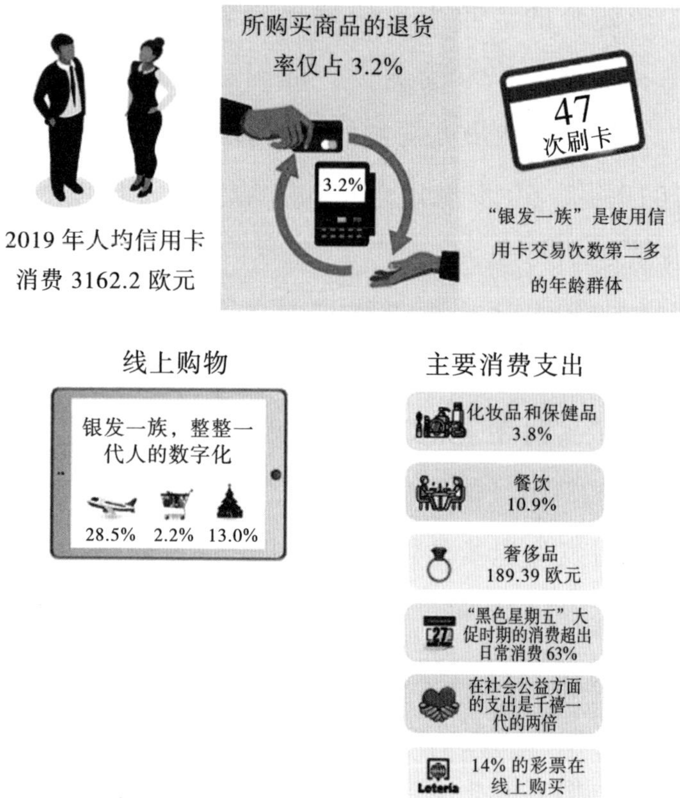

图 4.2　银发一族是什么样的消费者？（2019 年数据）

数据来源：Bankinter 消费金融报告（2020-11-25）。

说到公益奉献，还有一个趋势就是越来越多的老年人正在选择将自己的遗产留给非政府组织或捐赠给社会公益事业，而非留给家人，交由自己的直接或间接的后代来继承。这些人认为，自己已经尽可能地帮助和照顾了他们的孩子，现在是时候更多地为自己做打算了。一些非政府组织已经注意到了这一趋势，因为他们收到的此类捐款和遗产捐赠越来越多，相关话题的咨询也在不断增长。有些非政府组织（NGO）开始针对性地面向这一群体开展营销和广告活动，但在通常情况下，采取行动的非政府组织仍只是少数，大多数人依然秉持着简单的观望态度。

家庭开销：由 55 岁以上的老人负责采买

在西班牙，1800 万人负责家庭采购，就在不久之前，她们还被统称为“家庭主妇”，因为这群人中的绝大多数都是女性，而且过去大多专注于从事家务劳动。

而如今，社会已经发生了根本性的变化，一方面，女性开始大量加入劳动力市场，另一方面，单身家庭的数量显著增长，已经占据了总人口的 25% 以上，而两个人共同生活的小家庭则超过 27%。这也就意味着，如今超过半数的西班牙家庭只有一两个家庭成员。

但在本次分析中最有趣，也最引人注目的一点在于，在这 1800 万负责家庭采买的人群中，有 48.9% 的人年龄超过 55 岁。仅有 9.7% 的采购主力年龄在 35 岁以下，其余 41.9% 的年龄则介于 35 ~ 54 岁。而且，鉴于西班牙人口正逐渐老龄化，55 岁以上负责家庭采购的人员比例正在增加，可能已经超过总数的 50%，并且还在持续增长。

换句话说，超过一半以上的大众消费品、食品、饮料、药品、香水、家庭清洁用品等，都是由 55 岁以上的老年人购买的。尽管这项数据已经如此强有力地证明了老年人的消费购买力，大多数品牌却依然坚持聚焦在年轻消费者群体的身上。在竞争激烈的市场环境下制定所有广告和品牌营销方案前，品牌更应该关注这项数据，这样才能更清楚地了解自己当前所在的定位，以及营销传播战略真正应该关注的重点所在。不然，它们就会坚持相信年轻人才是品牌真正的增长目标——目前似乎大部分品牌仍在坚持这样的观念，尽管所有的数据都与此相悖。

55 岁或 60 岁以上的消费者会购买各种类型的产品，他们寻找可信任的品牌，不太变更购物场所，而且对自己喜欢的品牌更忠诚。只要品牌能够持续地关注这些消费者群体，不要让他们感到自己被遗忘，就能很容易地保留住这一批客户。对无数品牌和服务而言，这群人都是他们的消费基本盘，但在很多情况下，品牌似乎都更偏向于将资源投入到其他营销活动中，却唯独忽视了这一群人：例如选择在社交媒体上打广告，却忽略了电视和其他传统媒体；选择这个目标群体所完全不熟悉的社交媒体名人；或是推出对自己的大部分消费者来说都毫无意义的所谓创新。

现在，是时候重新考虑很多广告主及其代理机构正在做出的诸多决策了。品牌营销应努力迎合真实的消费和市场趋势，这些趋势清晰地展示了品牌的未来之所在。

学会热爱策略和创意

如何改变既定的习俗、产品使用习惯和趋势，并在市场上引入新的产品、服务和品牌？这是市场营销中持续面临的挑战。这个难题很难克服，因为绝大多数的新产品发布都以失败而告终了。然而，也有一些杰出的成功案例，其巨大的成就甚至能够彻底颠覆某个行业。

其中一个经典的案例来自怡泉汽水（Schweppes）。在它的原产地英国，人们习惯于将怡泉的汤力水饮料掺上杜松子酒和柠檬混合饮用（这项传统源自印度），因为其味道偏苦。在西班牙，该品牌还面临另一项额外的困难：几乎没有人知道品牌的名字该怎么念（Schweppes 在西班牙语中很难发音）。而且他们有这样的印象，这是成人的味道：大部分人要到二十多岁以后才能开始欣赏偏苦的口味，在此之前大家都更喜欢甜甜的饮料。

1978 年，Norman, Craig & Kumel（NCK）广告公司接受了这项挑战。其创意团队的成员奥古斯丁·梅迪纳和豪尔赫·加西亚提出了一项大胆、新颖的创意尝试。在他们设计的广告中，出现了一个叫做“汤力男”的角色，他邀请人们尝试怡泉的汤力水饮料，承认最初几次大家可能不喜欢它的苦涩味道。“就像世界上许多最美好的事物一样，汤力水的美味需要一段时间的适应期才能被接受。很多人不喝汤力水饮料，只是因为他们还没尝试过足够多的怡泉汤力水。”这些广告的基调非常风趣幽默，在其中反复多次强调了品牌名称，以期帮助大家强化记忆。此外，广告中还提出了“学会热爱汤力水”的口号。最重要的是，这些广告将怡泉汤力水饮料定位成一种成人的日常饮料，而不仅仅是用来搭配杜松子酒的调酒配品。这样，人们就可以在一天中的任何时候饮用它，从而大大地拓展了该产品的消费潜力。

如果让消费者尝试一次新产品都很困难，那让他们多次尝试自己第一印象并不好的产品所带来的挑战更是可想而知。这场营销活动持续了很多年，成功地改变了西班牙整个国家的国民饮用习惯，让大家不再仅仅把汤力水视作一个调酒时才使用的配料，而是将其视为一种可以单点的独立饮品。这是市场营销、战略和创意如何能够成功应对复杂的目标群体，克服重重困难的一个经典案例。

第五章　老年人与数字时代

银发一族同样知道如何在数字化的世界生活，并乐在其中。

银发经济最具争议的方面之一在于它与以数字化为根本的全球化市场趋势明显矛盾。换句话说，有些人认为，对老年消费者的承诺就意味着企业有可能会沉湎于过去，而削弱了其创新和成长的潜力，但后者对任何一个品牌来说都是至关重要的。

数字化对不同行业、年龄、职业和社会阶层的影响各不相同。人们对数字化趋势存在许多先入为主的想法或是夸大其词，比如认为“数字原住民”生于数字化时代，因此无需学习，自然而然地就能使用各种数字技术并适应这种趋势；而老年人则无论付出多少努力都几乎无法适应数字化时代。正是因为这个原因，市场营销过去几十年以来一直沿用我们此前介绍的市场细分原则，因为用同一种方式应对所有客户群体注定会遭到失败。

“婴儿潮”一代同样必须适应数字化，并在实践中学习如何应用如今已成为生活必须的各种新服务，这和他们此前一生一直在做的事情没有什么不同。当然，有一些群体可能没有能力或意愿学习，但也有一些人成了真正的专家，能够充分利用好这些新的数字化工具、服务和设备。

总的来说，所有的数据、研究和调查结果都证明了大多数老年人有能力学习和适应新技术，能够使用自己所需的数字化服务。问题很明显是在于许多企业并没有考虑过继续向这些老年人提供产品和服务，并简化操作，使他们能够持续成为自己的用户：这可能是一个最明显的例子，反映了如果不把自己真正重要的目标群体列入考虑，品牌就会面临失去大量客户的巨大风险，或是根本没有意识到这些人原本有可能可以成为自己的客户。

银行业的案例也许是最过激、反弹最强烈、也最令人痛苦的。在其现代化和数字化的进程中，几乎没有一家金融机构有为那些一生忠于他们的数百万老年客户多作考虑。银行业近乎残酷地强迫这些老年客户突然要去适应一套非常复杂的服务应用体系，在很多情况下，这套体系对于数字化应用经验要丰富得多的年轻人来说都太复杂了。而且，在整个过程中这些银行都几乎没有提供什么支持和帮助。这些决策最终引发了一场真正的叛乱：先是个别客户表示抗议，随后通过社交网络和媒体传播大量扩散，数十万人参与签名抗议，对这些金融机构发起激烈的抨击。最终，政府参与立法，强迫银行纠正他们的做法，而这本是任何一本市场营销教材在第一页就会教育大家的基本常识：企业必须为他们的客户创造价值，并需要与他们的客户建立起牢固的关系，才能从客户那里获得同等价值的回报。如果企业强迫客户接受难以理解的数字化服务，使用复杂难用的数字化系统，那它还能指望自己给这些客户带来什么样的价值，建立起什么样的联系呢？

在老年消费者的一生中，过去曾完美地适应了种种全新的产品、服务、人际关系和社会活动等。数字化时代对他们而言，只不过代表着一次新的变革而已。在每次的变革过程中，总会有些人无法适应变化而被时代抛弃，但这终究是少数。有些人曾经见证了电视的诞生，他们知道，电视里虽然有数百个频道的选择，但也不构成问题：绝大多数人依然只会坚持观看自己过去一直在看的那五六个频道。数字化当然也带来了数不清的产品和服务，大部分老年人并不全会使用，有些甚至是闻所未闻，但这个现象同样也存在于其他的年龄群体中。因为正如我们此前已经指出的，这个时代最显著的特征之一就是市场的极度细分，在很多情况下，甚至几乎已经实现了完全定制化的产品和服务。

有兴趣就学

只要数字化对老年人来说是有用、有必要的，而且能给他们带来方便，他们就能够适应、学习并走向“数字化”，因此，责任其实在企业这一方。企业必须决定在多大程度上把老年人纳入考虑，重视他们的价值，认真思考如何继续留住老年人客户，或是把老年人变成自己的客户。不管企业的产品或服务有多数字化，只要能针对这一客户群体制定好合适的营销传播方案，都不太可能会出现问题。

当然，有些合乎逻辑的步骤，必须从一开始就要列入考虑：首先，方案在设计之初，就要将会使用产品的消费者充分列入考虑，通过测试和研究来确定这些消费者应用此类产品的可行性，查找可能出现的问题，纠正所有潜在的错误。其次，必须有针对性地制定市场营销传播方案，调查和规划媒体和投放渠道，以确保能精准地触达到自己的目标受众。最后，必须持续关注客户需求，提供相应的支持和帮助服务，尽可能地指导客户，为其提供建议，帮助其解决使用产品的过程中可能出现的各种问题。

如果品牌在行动中表现得好像所有的客户都只有不到 25 岁或 30 岁，那它们就很有可能会遭遇惨败，即便在很多客户群体确实来自这一年龄段的情况下也不例外。不要忘记，许多研究都已证实，绝大部分的品牌创新和新产品、新服务的推出最终都以失败而告终。当然，这并不意味着企业就应该停止研发投资。事实刚好相反，因为这些潜在的创新恰恰将成为企业未来增长的动力。但在分析了过去所有的创新经验后，我们确实可以从中学到很多：产品的实用性、必要性，欲望和价值如何能够实际为市场做出贡献；此前众多品牌案例成功和失败的原因，尤其是关于目标受众的选择，和它们所面向的消费者相关的分析。

第六章　传统媒体

对于银发经济而言，电视、广播、报纸、杂志和户外广告仍是最有效的宣传方式。

对于绝大部分的产品、服务、行业和品牌而言，老年人都是绝对合适的目标受众。毫无疑问，应该直接面向这一群体进行营销，对他们保持密切关注，努力地维护客户关系。我们应当认识到，这是一群最有可能带来潜在商机的客户群体，甚至对于最新推出的产品和服务来说也不例外。

在面向任何目标群体或受众时，我们的第一

步都是先分析如何能够与这些人群建立联系。我们需要建立更适合老年人的沟通和媒介渠道，并排除掉那些老年人并不接触，或使用较少的渠道与媒体。我们发现，这是大多数品牌都会陷入其中的最大矛盾之一。

媒体综合研究（EGM）是了解和分析西班牙媒体消费的重要参考信息。根据其数据显示，65 岁以上的人群对互联网的亲和度较低，仅有 14%。相比之下，电视为 25.7%，广播为 19.7%，杂志为 20%，报纸为 27.7%，户外广告为 18.7%。比互联网的亲和度还低的只有电影院，仅为 10.4%。

老年人更喜欢传统媒体，即便它们已经改用数字格式呈现。对于 60 岁以上的老人而言，电视、广播、报纸、杂志和户外广告仍然是最有效、渗透力和影响力最大的媒介，效果远远超过新兴数字媒体。当然了，老年人也看新媒体，但使用频率要少很多。更主要的是他们对于新媒体信息的价值认可和信任程度要低得多，而后者才是衡量广告效果的基石。

根据 EGM 的数据反映，从过去十年来（2013—2022 年）媒体使用的演变中能明显看出互联网媒介的增长，从 2013 年的 53.7% 飙升到 2022 年的 85.2%。户外广告的普及率也从 61.3% 增加到 77.1%。与此同时，其他媒体在西班牙 14 岁以上人群中的普及率或使用率则显著下降：电视从 88.7% 下降到 80.5%；广播从 61.5% 下降到 54.7%；杂志从 43.4% 下降到 22.4%；报纸从 32.4% 下降到 13.7%；副刊从 14.6% 下降到 4%；电影从 3% 下降到 2.5%。

这些数据明显地、无可争议地反映了一个趋势，即互联网媒体的显著增势对其他所有媒体都产生了不利的影响。最显著的特点在于，我们几乎可以在互联网上找到并使用所有类型的媒体：报纸、杂志和副刊的数字版本；现场广播或是录制的播客；电视和电影可以通过各种类型的数字平台和服务观看；户外广告也可以打在数字屏幕上。

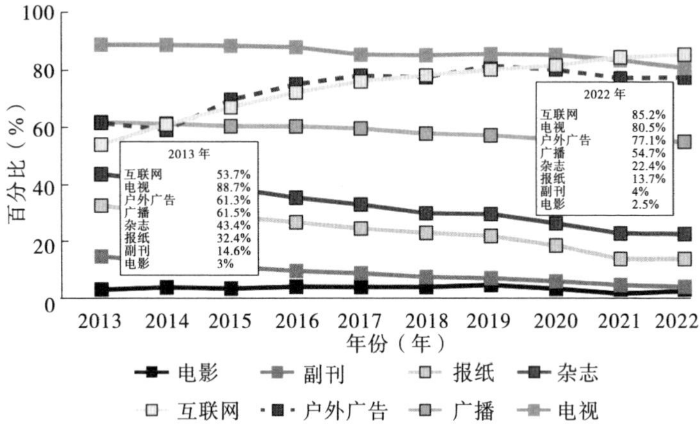

图 6.1 媒体普及率演化

数据来源：媒体综合研究 2022 年第二轮调查。年度累计。

我们必须牢记这些数据反映的是 14 岁以上所有年龄段受众的总体趋势。我们在上一章已经探讨过，不同的代际间在行为、生活习惯和风格上存在巨大差异。这一点在媒体的使用和普及趋势上也是相同的：总体趋势的演化很容易就会造成误解，让人错以为所有西班牙人的行为或多或少都是相似的。

要改变这种错误认知其实并没有看起来那么难，只要看看同样来自 EGM 的其他数据就可以证实。从 2022 年第二轮调查的数据中，可以看出不同年龄段在媒体的使用上存在根本性的差异。这一特征在银发一族的年龄段中表现得尤为明显，这也是我们在这种情况下最感兴趣的。

我们先看互联网的使用情况。图 6.2 可以看到，在 54 岁以下的所有年龄段中，互联网的普及率都超过了 94%，在 20 ~ 24 岁的人群中甚至达到了 98%。但在 55 ~ 64 岁的人群中，这一比例下降至 89.2%；在 65 ~ 74 岁的人中降至 73.3%；在 75 岁及以上的人中降至 42%。因此，EGM 的数据证实了大多数老年人也会使用互联网，但频率比其他年龄段的人群要低得多，使用率也远不如其他传统媒体。

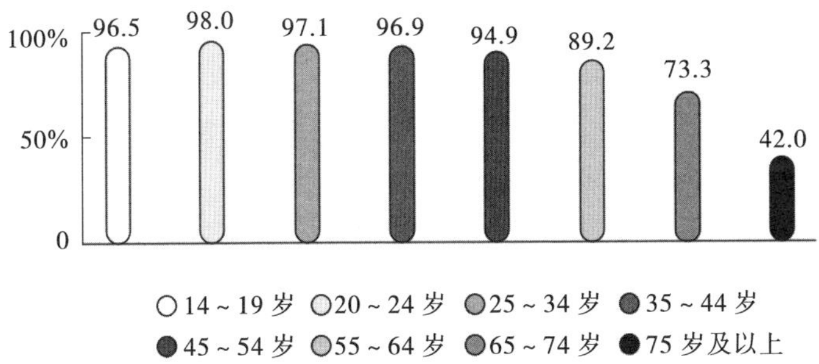

图 6.2　互联网在各年龄层的普及率

数据来源：媒体综合研究 2022 年第二轮调查。

电视的情况则恰好相反。在 54 岁以下的人群中，电视的普及率不断下降，在 14 ~ 34 岁人群中，电视的普及率不足 70%；然而，在 55 岁以上的人群中，超过 85.4% 的老年人坚持收看电视节目，75 岁及以上的人群中这一比例更是高达 90%。毫无疑问，电视仍是触达银发一族的不可或缺的媒介，因为对他们来说，电视仍是主要的媒体。（图 6.3）

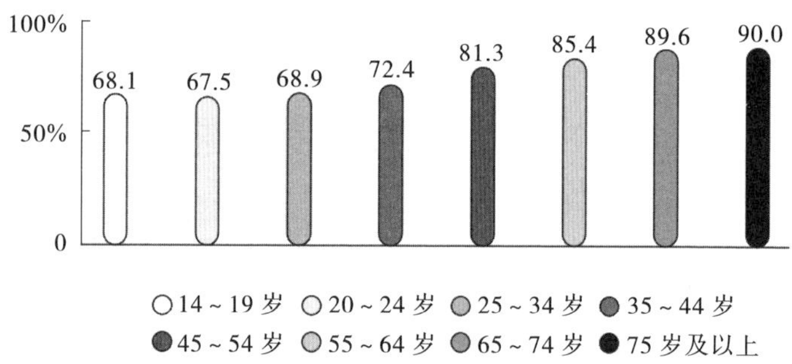

图 6.3　电视在各年龄层的普及率

数据来源：媒体综合研究 2022 年第二轮调查。

广播的听众则更多地集中在 35 ~ 64 岁这个年龄段，在更年轻和更年长的人群中普及率则更低一些。总的来说，65 ~ 74 岁的年龄段中，有超过 53% 的人每天都在收听广播节目，在 75 岁及以上人群中这一比例为 41%。这个比例与互联网的使用比例大抵相似，但要记住，广播的听众只集中听三四个大型频道的节目，而互联网上却有上百万个网页和站点。（图 6.4）

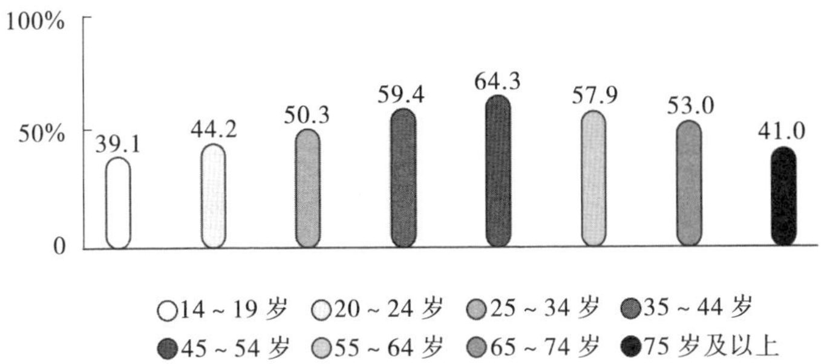

图 6.4　广播在各年龄层的普及率

数据来源：媒体综合研究 2022 年第二轮调查。

报纸的总普及率更低，但最常阅读报纸的三个年龄组都是 55 岁及以上的人群，其比例是 24 岁及以下人群的两倍甚至接近三倍。对于老年人目标受众来说，报纸仍是一种具有重要影响力的媒体，而且最重要的是，老年人对报纸新闻极具信任度。（图 6.5）

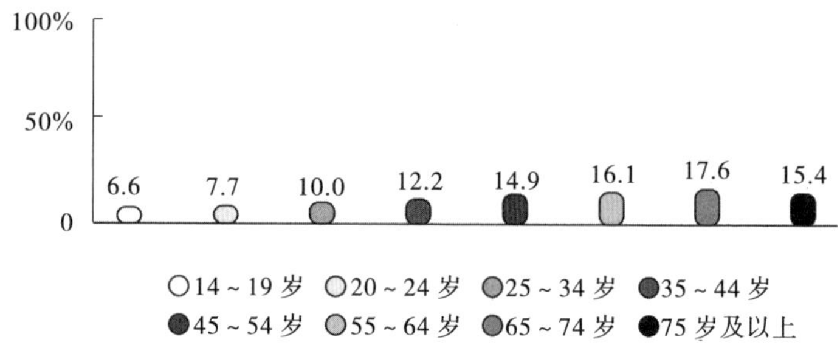

图 6.5 报纸在各年龄层的普及率

数据来源：媒体综合研究 2022 年第二轮调查。

杂志的情况则有所不同，这种媒体在几乎所有年龄组中的普及率都相当一致。杂志媒介的专业细分意味着每个年龄组都可以找到专属于自己的杂志。65 岁以上的人群也阅读杂志，而且杂志主题细分的特点使其成为一种潜力巨大的媒介，可以用来针对性地选择目标受众并实现精准触达。（图 6.6）

户外媒体的普及趋势则是受众年龄越大，普及率就越低，这可能是因为越年轻的群体在户外活动的流动性越高。但总的来说，户外广告仍是吸引观众的重要媒介，几乎能高概率地触达所有年龄段的受众，自然，对于银发一族来说也不例外：在 55～64 岁的人群中，73.6% 看到过户外广告；65～74 岁的人群中有 66.9% 看到过；在 75 岁及以上的人群中这一比例也有 56.8%。（图 6.7）

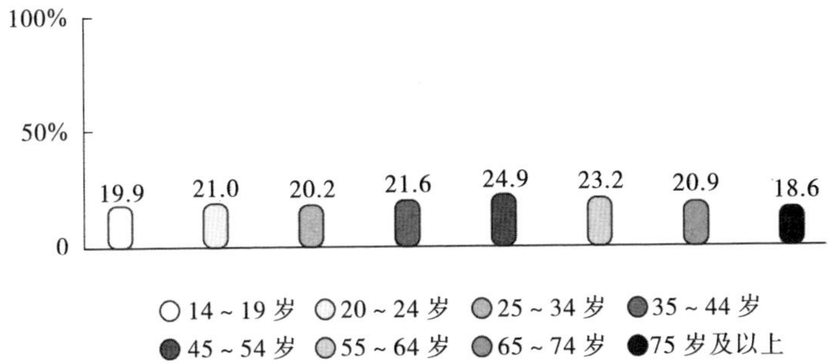

图 6.6　杂志在各年龄层的普及率

数据来源：媒体综合研究 2022 年第二轮调查。

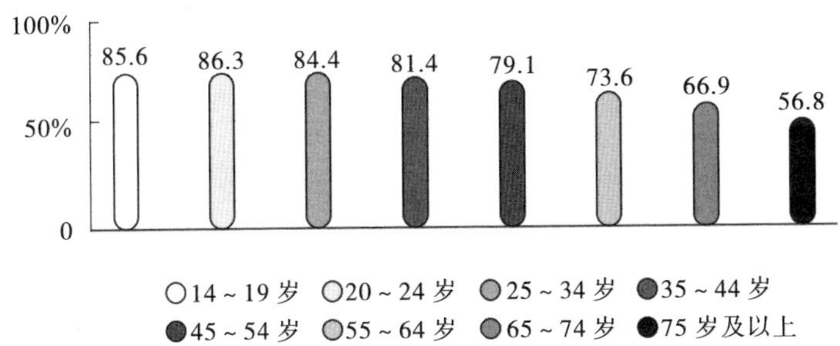

图 6.7　户外广告在各年龄层的普及率

数据来源：媒体综合研究 2022 年第二轮调查。

数字化投资增长

从不同受众在媒体使用和普及上的明显差异来看，在数字媒体上的投资已经成为广告投资中规模最大，也是增长最快的部分。西班牙广告投资研究 Infoadex 的数据明晰地体现了这一点：2021 年，全国数字广告的投资额达到 24.82 亿欧元，只比电视、广播、报纸和杂志上的广告投资的总和（26.46 亿欧元）略低一点点。换句话说，数字媒体不仅仅是排名第一的广告媒介，而且几乎等同于其他所有媒介的总和。

不妨提醒一下，“数字化”或“互联网”不是一种媒体，而是一个几乎囊括了所有不同媒体形式的渠道。举个例子来说，搜索引擎和社交网络就不是媒体，它们与播客和电台直播、以流媒体形式播放的电视平台、同步继续发行印刷版本的报纸和杂志的电子网站……这一类的媒体形式完全不同。“数字化”是一个技术概念，指的是一种媒体可以传递信息的工具或渠道。这就等同于“纸张”的概念之于所有需要印刷的媒体：报纸、杂志、增刊和大部分的户外广告。我们应当重新审视传统的媒体分类，因为所有的媒体形式如今都包含数字化的部分，而且这部分正变得日渐重要，这会导致我们在分析不同的媒体形式时引起混淆，就比如说 Infoadex 在分析中使用了“数字化”一词，但 EGM 的调研用的又是“互联网”一词。

Infoadex 所定义的数字广告包括了搜索引擎（8.73 亿欧元）、社交网络（6.6 亿欧元）和网站广告（9.48 亿欧元）。三种情境下的数字化投放增长都势不可当，即便是极大影响了所有传统媒体的新型冠状病毒感染疫情危机也没有对它的增长势头造成任何阻碍。

但除了明确的市场趋势以外，广告主和媒介代理机构还需要密切关注它们的广告所针对的目标受众，确保其广告确实能通过最合适的媒介触及这些群体。这也是广告学第一课中就会教授的基本原理：如果广告无法触达品牌正在寻找的目标受众，那么即便有再好的营销活动、再出色的策略、再精彩的创意也是徒劳。媒体的组合和投资分配都必须针对目标受众，基于传播目标进行精准投放，而不是简单地随大流。因为那些像旅鼠一样只会盲目跟风的品牌，其下场也会和这些小动物一样，最终掉进无底深渊中无处可逃。

表 6.1　广告媒体投放（2019—2021 年）

媒体投放	媒体投放	2019	2020	2021	%21/20
电影	电影	35.9	9.6	12.5	30.5
报纸	报纸	485.22	335.8	335.9	0.0
周末副刊	周末副刊	26.6	12.3	9.0	-27.1
户外广告	户外广告	423.3	221.3	289.6	30.9
数字化渠道					
	搜索引擎	869.4	818.0	873.0	6.7
	网站（展示 + 视频）	834.8	771.2	948.5	22.0
	社交媒体（展示 + 视频）	592.0	579.2	660.7	14.1
	数字化投放总额	2296.2	2174.3	2482.2	14.2
广播	广播	486.4	374.9	415.4	10.8
杂志	杂志	194.8	110.5	120.1	8.7
电视					
	付费频道	109.5	99.7	99.7	-0.1
	各省电视台	90.8	79.3	88.1	11.1
	地方台	2.4	2.0	2.3	13.1
	国家台	1806.6	1459.2	1586.1	8.7
	电视投放总额	2009.3	1640.3	1776.2	8.3
媒体投放总额		5957.7	4878.9	5440.9	11.5

数据来源：Infoadex。

表 6.2　广告媒体投放（2021 年）

媒体投放	媒体投放	2021
电影	电影	12.5
报纸	报纸	335.9
周末副刊	周末副刊	9.0
户外广告	户外广告	289.6
数字化渠道		
	搜索引擎	873.0
	网站（展示 + 视频）	948.5
	社交媒体（展示 + 视频）	660.7
	数字化投放总额	2 482.2
广播	广播	415.4
杂志	杂志	120.1
电视		
	付费频道	99.7
	各省电视台	88.1
	地方台	2.3
	国家台	1586.1
	电视投放总额	1776.2
媒体投放总额		5440.9

数据来源：Infoadex。

超越媒体

我们需要意识到，目前的传播环境正在发生日新月异的变化，因此即便有这些广告投资的研究数据，要立即反映出每天都在发生变化的媒体环境，并适应其变化也依旧是难事一桩。近年来，一些相关的投资研究已经加入了对某些“新媒介”的研究，这些媒介过去理论上尚不存在，或相对不那么重要，因此在研究中没有反映出来。其中的大部分研究源自过去就已开展的行动，只不过过去不叫这个名字或者比较小众罢了。

“超越媒体“的案例不胜枚举：文化、体育赞助和其他类型的赞助，以及品牌原创内容（多年以前就已经存在，只不过过去不叫这个名字：创造出“大力水手”这个角色来促进菠菜的消费就是其中一个历史性的案例）或品牌故事，等等。很明显，这些做法都需要与某种宣传媒介有所联系，比如通过电视和其他媒体进行传播。通过媒体传播，这些宣传内容才能尽可能广泛地、大规模地触达自己的受众，若非如此，它们的努力就会变得毫无意义。

此外，在绝大多数情况下，赞助和品牌内容在投放时需要同步辅以重要的平行传播活动，以期触达品牌所寻求的目标受众，并在媒体上获得足够的知名度和影响力，从而有效地发挥作用。只需回想一下该领域最引人瞩目的宣传活动：红牛对“太空跳跃”[①]行动的赞助。这场冒险通过全球各地无数电视台的转播，吸引了数百万的观众观看。更不用提在2014年奥斯卡颁奖典礼上，主持人艾伦·德杰尼勒斯[②]（Ellen DeGeneres）与众多男女演员一起拍摄的自拍照，这是有史以来被“转发”次数最多的一张照片。阳狮广告机构的总裁莫里斯·利维（Maurice Levy）曾夸耀说，这张照片因其全球影响力和广泛的读者覆盖率，为三星品牌带来了80亿~100亿美元的广告价值。[③]

同样的，“网红”也可以，并且应该被视为社交网络宣传的一部分，因为他们天然就具有媒体属性，这是他们的发展方式所决定的。实际上，网红的概念是从广告主最初与明星和名人合作的基础上演化而来。比如过去首次在报纸上刊

① Red Bull Stratos 计划，以一个氦气球和加压舱，将跳伞员送上平流层后进行自由落体落下跳伞。

② 美国知名演员，《艾伦秀》节目主持人。

③ Montañés 报，2015年报道。

登广告，称自己为“皇家供应商”的那些商家；或是那些超级电影明星和运动员，用自己的形象来宣传各种类型的产品和服务。

即便有些衡量方式的效果较好，那也只是相对而言。半个多世纪以来，我们惯于将人群细分成一个个相同的群体，并以类似的标准来对各个群体进行划分：例如通过年龄、性别、社会阶层等，但这种方式有待商榷。如今，在大部分商品的使用和消费场景中，性别之间的差异都很小。年龄是一个重要的影响因素，但在年龄之外也要分析许多其他的因素，这些因素共同构成了消费者所谓的“生活方式”。这种分析要复杂得多，但用来判断消费行为将更加精准有效。

始终与客户共同成长

任何企业都有其相通的、统一的合理目标：在保证可支配收入的同时，实现销售、营业额和利润的增长。因此，在大部分情况下，营销计划的目标都旨在赢得新的客户和消费者。但我们不应该因此而忘记市场营销中的其他基本原则，比如著名的帕累托法则：在绝大多数公司里，80%的利润都来自20%的客户。很显然，我们应该找到这些客户，并竭尽全力去尽可能了解他们的喜好、愿望和需求，这样才能制订出具体的营销计划来确保客户继续满意，对品牌保持忠诚，并在可能的情况下购买更多的产品。

有一个例子能够很好地证明，成功的秘诀有时在于关注过去已经购买过产品的老客户，而非寻找潜在的新主顾。一个范例来自加利福尼亚牛奶加工委员会发起的一项营销活动，该活动成功推动加利福尼亚的牛奶销量在短短一年内增长了7%。

这场营销活动的目标不是为了寻找新的消费者，说服不喝牛奶的人去进行尝试；而是针对已经在喝牛奶的消费者所推出的活动。活动并没有执着于追求新的客户，在很多情况下，他们更关注产品的老客户，提醒他们牛奶产品所具有的优势，促使他们更频繁地进行购买，并将这些用户转变为产品的推荐者，并提醒他们继续购买已有的产品。通过富有创意的广告和邀请无数名人代言，展示这些名人如何毫不犹豫地大饮牛奶，喝得嘴边发白，这场活动获得了巨大的成功，其影响力已经超越了加利福尼亚的地域限制，也超越了时间，成为一个经典案例。

当然，这场活动主要是通过传统媒体来进行宣传的：电视、杂志、报纸、户外广告……互联网在后期也作为一种媒介被添加进来，但在整个营销过程中，主办方始终没有忘记，针对自己的目标受众，哪些媒体才是真正的关键。

这场活动也是利用明星、名人（如今所谓的“影响者”）来进行宣传的绝佳案例。主办方利用这些名人来宣传和推荐一种最基本、最常见的食品之一，一种大部分西班牙人日常都经常会采购的产品。这证明了只要正确地对待现有的消费者，即便是那些大家一直都在购买、原则上也没有任何新意的产品，也是能够实现销量增长的。需要指出的是，这种说法仅仅是针对这场营销活动而言的，因为牛奶和乳制品其实是近年来创新最多的行业之一，其中也不断推出了各种新的产品、品类和包装等。

第七章　社交网络与银发一族

当今社交网络已成为品牌的基本宣传渠道之一，但对老年人来说则没有那么重要。

社交网络毫无疑问是21世纪最伟大的现象之一，它彻底改变了媒体传播的方式，尤其是对年轻群体更具影响力。对35岁以下的年轻人来说，社交媒体已成为他们用来相互联系、分享内容、了解新鲜事物、娱乐和获取资讯的最主要的方式，其功能超过所有传统媒体，无论是电视、广播、报纸、杂志，还是户外广告。如今，对于任何一个品牌而言，社交媒体都已经变成一个基本的宣传渠道，必须予以关注并制定最佳方案来充分发挥其优势。

就在不久之前，有些公司还会聘请一位“社群经理”来负责社交媒体上的所有宣传，尤其要求这位专人要对互联网有所了解并具备相关经验。但企业没有意识到，这位经理等于变成了企业面向消费者的直接代言人，他与消费者之间可以实时进行沟通互动，而且信息不经过任何过滤。这种情况曾不止一次地引发过严重的公关危机，因为当某位社群经理在网络上发表他的个人观点时，这些意见就会被认为是品牌的思想和声音。

像所有媒体一样，对于社交媒体，我们也需要仔细分析受众，以确定它是否能帮助品牌和消费者之间建立起有效的、必要的、关键性的联系。抖音的用户群体与LinkedIn、Meta、X或Instagram的用户就大不相同。因此，我们必须针对不同的社交网络定制更合适的内容。

总体而言，所有的数据都表明，社交网络对于银发经济的影响力绝对是被高估了。换句话说，如果问社交媒体是否是一个接触 60 岁以上老年人的合适途径？那答案毫无疑问是否定的。多年以前，马歇尔·麦克卢汉（Marshall McLuhan）就已经提出过“媒体即信息”的理论（1964 年），这句格言在如今比以往任何时候都更值得重视。众所周知，不同的媒体和传播渠道上发布的内容都不尽相同，带来的感知也存在巨大差异，就拿社交媒体来说好了：一条同样的信息在 Facebook 或 Instagram 上可能会无声无息地被忽视掉，但在 X 上却可能会引起激烈的反应；反之亦然。

在超过 60 岁以上的老年人群体中，大部分都更倾向于能令他们产生信任和信赖感的媒体，而任何社交媒体都不在其列。

当品牌希望重点面向一个基本的消费群体，且知道这个群体会在未来变得愈发重要，那么它就应该继续遵循这个群体的媒体使用习惯，尤其是要重点关注他们所信任的那些媒体：电视、报纸和广播。当然了，品牌必须同步关注这些媒体和平台的数字版本和互联网页面，因为 EGM 和其他研究数据都已经证明了数字化媒体正变得越来越重要。一个在网上读报的人和一个阅读印刷版报纸的人在本质上并没有什么不同。有许多人在周末购买印刷版的报纸阅读，周中则通过平板电脑、台式机或是智能手机阅读电子版。正如麦克卢汉所指出的，是媒体本身让读者产生信任和依赖，而不是承载它的工具，无论那载体是纸张、手机还是平板电脑。

凯度咨询公司的研究结果表明，电视、广播、报纸和杂志能够构建起自己的品牌，在较长的周期内提供更大的回报，而且能够与消费者建立起更紧密的联系。这一点在老年群体中表现得更加鲜明和强烈。

有时候，一些与现实截然相反的观念竟会如此根深蒂固，实在是令人好奇。其中一个如今已成为老生常谈的调调就是“现在几乎没有人还在看电视了”。但事实是超过 85% 的西班牙人每天都看电视，其中有半数人一天平均观看超过 3 小时。还有人声称，如今大家在小屏幕上（正变得越来越大）看的是网飞、HBO、迪士尼、

Movistar、亚马逊 Prime 等付费平台。但事实是，仍有超过 80% 的观众看的是传统的电视公共台，看过去一直在看的那些电视频道，而这些付费平台的观众仅占观众总数的不到 10%。令人担忧的是，这些并非基于事实的观点甚至在媒体代理和广告商的专业人士之间流传，而且成了如今时尚的热门话题，被广泛地报道和讨论，导致广告主被这些虚假观念所误导，做出错误的决策。

只要分析一下任何一个热门话题，都足以验证它们实际上仅仅只是几千条推文叠加的结果，其中有很大一部分还有可能是由机器人自动产生的虚假推文。埃隆·马斯克（Elon Musk）最初曾搁置过收购 X 的计划，其中一大原因就是对现存虚假账户比例的疑虑，就连 X 公司自己似乎都无法准确地确认这一比例。这使人们对很多源于社交网络并在传统媒体中成为新闻的趋势和“事实”产生了怀疑，因为不幸的是，社交网络的新闻同样没有经过筛选和过滤。

社交网络上的品牌

社交媒体可以助力推动销售，制定并实施品牌连接消费者的策略，但它很难帮助构建品牌。因为社交媒体本身具有非常短效的特点，因此很难通过它们建立有效的沟通计划来与消费者建立紧密的联系。

总体而言，社交网络没有能力打造品牌。如今，我们必须非常明确这一点，这在过去几十年里已经成为无可争议的事实，数字化的发展更是比以往任何时候都更明显地证实了这一点。如果一家公司没有一个强大、知名且受到认可的品牌，那它就不可能在销售领域赢得竞争，无论是在传统的分销渠道，还是在更重要的线上销售渠道。对于线上销售而言，让消费者了解品牌、信赖品牌更加重要，因为没有一个实实在在的线下销售员可以通过推销，说服消费者购买一个自己闻所未闻的品牌。

为了让人们了解、认可、选择并决定购买一个品牌，继续在传统媒体上做广告（电视、广播、报纸、杂志、户外广告、电影院）仍然很有必要。这种方法对所有年龄和代际的目标受众都行之有效，尤其是对老年人。社交媒体确实是一个有用的、必要的渠道，能够辅助实现品牌的营销宣传目标，但那些之前决意将精力和资源集中在社交媒体上的品牌已经用它们的经验告诉我们，目前社交媒体能起到的功能更多的是辅助性的，而非主导性的。

第八章　品牌态度

各种数据和分析都已验证了银发经济的关键作用，为何众多品牌依然对此视而不见？

所有的数据、研究、分析、调查和信息来源都明显能够证实银发经济的积极发展趋势。那么，为何品牌不能基于这个事实采取相应的行动呢？

银发经济的发展趋势鲜明、清晰，而且所有现有的数据都能够证明这一事实。面对这一切，品牌的态度如何呢？——尽管事实无可争议，大部分年轻的市场营销高管却对此视而不见，他们似乎既看不到所有的老年群体，也看不到市场的实际情况。

在市场营销中往往没有绝对的真理，也很难找到一些无可辩驳的理由来解释这种情况，但我们能够找到有几个相当普遍的原因，来说明为什么在大多数情况下，品牌都会存在这种蓄意忽视的情况。

一个常见的原因是，尽管当今世界看起来是一个“信息过剩”的世界，需要的信息看似都可以轻易获得，但相悖的是，实际上大家对于现实情况还是极度缺乏了解，即便是在品牌方和营销行业工作的人士也不例外。每当市场趋势发生变化时，最初总会遭到长时间的忽视，人们没有注意到这种变化，对其视若无睹，也没有配置（或是缺乏）必要的资源来分析现状，直到这一趋势变得十分明显、普遍且不可避免。问题在于，在很多情况下，到了这种时候，对于品牌方来说已经错失了良机，再要应对这种趋势也已变得成本高昂，而且，竞争对手已经把他们甩在了后面。届时品牌已经失去了消费者的信任，要重塑这种信任很困难，甚至有时毫无希望。有时候，品牌同时还会因此失去来之不易的知名度、品牌价值和认可。

另一个常见的原因则是出自集体的既定思维。因为市场在过去超过50年的时间里一直将年轻人作为未来潜力消费者的典范，而且这一策略在各行各业都获得了成功，长时间以来积累了许多标杆企业和成功案例，因此如今再要推翻这一趋势就会变得十分困难。要打破既定思维总是很艰难的，在营销行业也不例外。当然了，品牌有很多面向所有公众和目标受众的营销活动，但在大部分品牌的活动中，面向年轻人的营销始终占主导地位，他们一直以来都被视为对未来能获取成功的永恒承诺。

有些人将这种重点面向年轻人进行营销和宣传的主导趋势称之为“年龄主义”，其原因尚未完全明确。但有些假设是可以成立的，比如企业的管理层，以及负责广告营销的专业人士，普遍都会首先考虑与自己年龄相仿，甚至比自己更年轻的受众，这也是因为他们自然而然地受到当今社会对年轻人的某种理想化情结的影响，这种理想化在当今生活的各个领域都几乎无处不在。毫无疑问，尽管60岁以上的老年人作为消费者潜力巨大，但他们却很明显地被当今的市场营销所忽视了。“消费者为王”的主流观念早已深入人心，但上述现象却动摇了这一绝对的真理。因为如果这条原理是确实的，就不应该发生这种遗忘。更糟糕的是，这种决策对企业会造成明显的负面影响。

明明老年人才是数量最多，同时也是购买力最强的消费者，但那些专业人士却依然一再忽视这些明确的警告，很多人继续坚信年轻人仍然会是他们首要和基本的目标受众。

老年人被忽视的另一个重要原因是出自对“目标”和“信息”之间的混淆。我们之前已经说过，任何钓鱼者都必须在确定有鱼的河流中抛杆，否则就会一无所获。举个更明确的例子：如果你想击中某人，你必须先瞄准他，否则你永远无法命中。因此我们首先就要将银发经济列为基本目标，营销和传播的计划都必须以此为导向。

把老年人作为目标受众，并不意味着在我们传递的信息中必须要有长者形象，或者是必须要把老年人作为广告的主角，因为这些信息应该是根据品牌和企业的战略和创意目标来决定的。

在任何情况下，我们也不该将“目标”和“创意”相混淆：许多营销活动根本不必教导目标受众，只需要专注于产品本身，介绍品牌想传递的产品体验、创意和概念，这些应该是根据创意策略来体现的。

就像西班牙广告史上最成功、最令人印象深刻、屡获殊荣的一个广告案例中，画面里既看不到汽车也看不到消费者，只需展示迎风举起的一只手就够了。通过这则广告，广告主宝马及其代理商 SCPF 就能够成功地向消费者传递他们想兜售的体验和概念：对于那些享受驾驶、真正喜爱驾驶的消费者来说，宝马就是他们想要的品牌，它们的汽车就是最理想的汽车。广告中不需要出现任何驾驶员或是具体的目标受众的形象，其成功证实了品牌能够藉此吸引到比平时购买其产品的人群年龄更年轻的受众，使他们对宝马的品牌产生渴望和钦佩。即便这些受众当时没有能力购买宝马汽车，等他们以后有了足够的资金、有可能购买其产品时，他们也会努力尝试实现自己的愿望。这就是在市场营销中被称为“购买意向”的重要因素。

好的建议

许多品牌忽视银发经济的最后一个原因可能比较有争议，但我们必须要说：在很多情况下，品牌并没有得到很好的建议。当然了，营销和传播的最终责任始终在于广告主，是他们决定投资方向，提供简报、设定目标、做出最终决定，确认品牌将要怎么做。但广告主是与创意机构和媒体代理机构的专家合作工作的，这些人是真正的专家，大部分营销传播的高管都会仰赖他们的建议。

这里存在几个因素，比如说，传统媒体广告的利润空间在下降，很难从中赚到钱；而数字媒体则具有更大的灵活性和操作空间。如果一家媒体代理机构想从同行中脱颖而出，靠传统媒体是很难做到这一点的，因为整个市场上有海量的信息、知识、经验和数据可以共享，因此可发挥的空间就会大幅减少。通过数字媒体则更为可行，它更加灵活多变，每天都会涌现出很多新的工具。

事实上，“数字化”是一个很泛泛的概念，可能会产生很大的误导，因为如今一切都已经是、或将会是数字化的，因此根本就没有什么差异化可言。所有的电视台、广播电台、报纸和杂志，甚至越来越多的户外广告，都有数字化版本。

一半的广告投资

众所周知，在数字领域也并不是一切都是积极正向的，它同样面临着各种巨大的问题，比如机器人：据统计，在俄罗斯，80% 的网络点击都是由机器完成的，这意味着超过 1200 亿美元的网络欺诈。20 世纪初，美国大型百货公司的老板约翰·沃纳梅克曾经说过一句名言:“我知道我花在广告上的经费中有一半都是被浪费掉的，问题在于我不知道是哪一半。”如今，这种论调已经完全不符合现状了:理论上，现在一切都是可衡量、可量化的，因此我们理应能够更好地控制投资方式，使其发挥出最佳效果。

然而，根据鲍勃·霍夫曼的说法，漏斗定律导致互联网和社交媒体的程序化广告购买中，每花费 1 美元，只有 3 美分真正触达了消费者。剩下的费用里，7 美分给了广告代理商，27 美分花在技术应用和目标受众的定位上，20 美分直接成为欺诈所得，还有 15 美分是看不见的花销……最终，所有这些加起来总共造成了 97 美分的浪费，只有 3 美分最终触达了消费者。看到这种现象，任何一个通过互联网程序化购买广告进行投放的广告主都应该慎重三思，即便他们已经提供了所有的数据和报告，理论上应该能确保投资的万无一失。

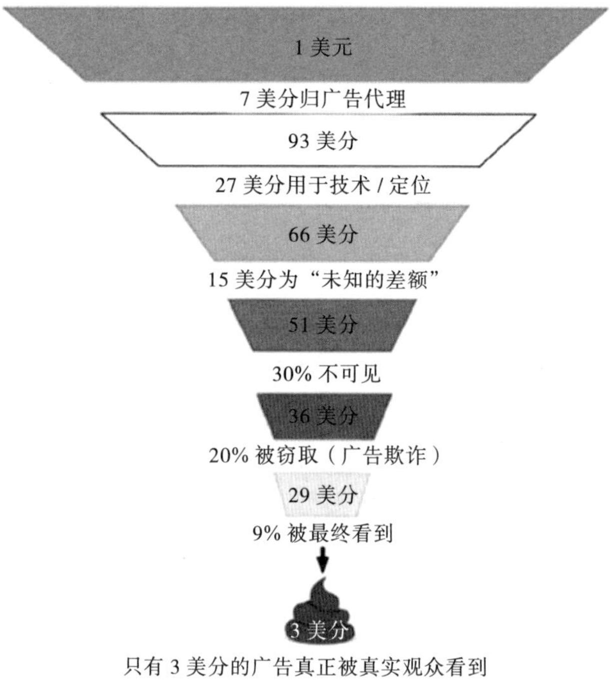

图 8.1　程序化广告的损失漏斗

数据来源：鲍勃·霍夫曼公司（2022 年）。

事实上，媒体代理机构在数字媒体领域开发的各种工具、开展的各项调查和研究更能实现彼此之间的差异化，并能通过大量的研究、分析和可用信息为自己的广告提案提供附加价值。在很多情况下，这些工具和研究都可以用来支持几乎所有媒体规划或提案的优越性。

有理由的叛逆

银发一代的某个特征可能会令一些人惊讶，那就是他们其实很叛逆。不久之前，当时还默默无闻的卡洛斯·圣胡安针对银行业发起了一项名为“我是长者，不是白痴”的抗议运动，就体现了他们的叛逆精神。该活动行之有效，而且大获成功，引起了媒体的广泛关注，争取到了成千上万的签名支持；尤其是最终成功促使政府采取措施，以确保银行能够为老年人提供更简单、便捷、可操作的服务。圣胡安本人表示，银行柜台的服务人员曾建议他，如果对他们的客户接待时间不满意，他可以换一家银行，导致他愤而发起了这项抗议活动。埃斯特法尼亚·亚古兹表示，这个例子说明“有些品牌试图让老年目标客户群体来适应他们，而非反其道而行之，但这是他们面对其他任何年龄群体的客户时根本想都不敢想的事情。”

卡洛斯·圣胡安是一名退休的医疗专业人士。他通过 Change.org 平台推动了这项倡议。此外，他还代言了最新的“抬起头来”活动，这是 Atresmedia 电视台最新推出的企业社会责任公益活动，集团通过该项目强调数字化应该得到普遍应用，并积极地设法缩小与老年人之间的数字鸿沟，帮助老年人学习和使用工具，使技术变得更友好、简单而且方便易得。

据 Atresmedia 电视台报道，圣胡安的形象代表了在西班牙所存在的数字鸿沟，其中的部分数据包括：我国有 43% 的居民连基本的数字技能都不具备；而且有 40% 的老年人都表示他们从未访问过互联网。

正如在前面可以看到的，在广告中只展示年轻人的形象并不是什么错误，这不一定会让老年人感到不悦。我们此前已经指出，老年人感觉自己比身份证上的年龄更年轻，也更喜欢自己看起来年轻一点的模样，因此他们依然可以在理想的广告中看到自身的投影。

真正的问题在于，有时广告公司没有准确地瞄准自己的核心消费者所在之处，没有关注他们，也没有将他们列入考虑，而这种态度会反应在他们的沟通中。这种态度是可以改变的，无需在企业内大动干戈地进行改革，只需要稍微转舵，更精准地瞄准自己的目标受众，然后简单地拿出品牌对待其他受众的同等态度对待他们就好。

关注目标客户

品牌并非每次都能在一开始就找对合适的目标受众。1993 年雷诺推出 Twingo 车型时的情况就是一个例子。Twingo 是一款小型的城市汽车，形式和风格都独具创新性，打破了市场上的许多既定做法。这种车型有四个座位、三个车门，比当时常见的同体积、同样特征的其他汽车更高、更圆。这辆车的设计理念是为想拥有该品牌汽车的年轻人提供一辆入门款，用来替代传奇的 R4

车型。这辆车的前部较短，引擎盖与挡风玻璃平行，类似于那个年代的小型火车，其内部空间比其他同体积的汽车来得更大、更宽敞。

结果，年轻人似乎对这款新车并不怎么买账，因为作为一款城市车，它的动力表现并不突出，而且其圆润的“蛋形”外观也并不吸引人，反而令人感觉奇怪。惊喜反倒来自60岁以上的老年人消费群体：他们很快就发现这款汽车舒适宽敞，完全符合他们城市出行和短途旅行的驾驶需求。尽管品牌没有针对老年人进行任何特定的营销传播，其广告也走向了另一个方向，完全忽视了银发一族这一目标客群，而是专门针对年轻人投放了大量投其所好的动画、音乐和文案；但经销商却发现，他们的销售增长来自老年消费者群体。

在这个案例中，渔夫的网撒向的是名为电视的水域，那里确实有鱼群的存在，尽管他们原本想捕捞的是另一种不同的鱼。这再一次证明了，即便是“撒下糟糕的网”——即不尽如人意的创意——只要这个水域里有鱼（在这个案例中是指电视媒体），也比在没有鱼的水域撒下出色的渔网效果更好。当然，雷诺随后也反应过来，针对这项目标群体发起了专门的营销活动。尽管品牌最初没有考虑到这些受众，但他们最终依然给出了非常良好的回应。

大部分的品牌都应该像雷诺那样，调查、分析，并在有些情况下可能要重新思考他们的商业目标，才能使其适应市场现实和未来趋势。

第九章　品牌的黄金机遇

在几乎所有的行业中，把 60 岁以上的老年人视为基本目标受众都是关键。

把目标受众的年龄从 20 ~ 60 岁提升到 30 ~ 70 岁是一个不可或缺的改变，将有助于销量的攀升。企业瞄准了一个更愿意花钱的消费群体，这些人对价格没那么敏感，反而对产品质量、售后服务或品牌价值等其他属性更为在意。通过将他们列为基本消费客群，品牌能够立刻赢得更多的消费潜力。同样重要的是，很多案例已经证明，这些群体还是其他目标消费群体的推荐者。

营销的基本原理之一在于，为了产生消费，消费者需要同时拥有金钱、时间和消费意愿，只有当三者结合在一起时，才有发生消费的可能。而正如我们所见，最兼具这三项资源的群体正是银发一族。

此外，如今也正是一个反思潮流的好机会，因为常见的做法往往是将大部分的精力都集中在年轻人身上，如果能打破这种惯性，反其道而行之，也可以为我们开拓非常积极的差异化立场。

在做出任何决定前，显然我们都需要先仔细分析关于消费者和公司潜力的所有可用信息。当前，大部分的大众产品和服务通常都会首选面向20~60岁的群体作为自己的目标客户，这被认为是最符合逻辑的，也是过去传统意义上最有实力的一个群体。原因看似很明确：理论上，人们一般都是从20岁开始独立选择、决定和购买各种商品和服务的，而在此之前负责采买的人物一般都是一家之主或是家里负责家务的主理人。在20~30岁的这十年间，人们开始做出越来越多的自主决定，并开始承担更多的责任，而对于品牌来说，陪伴他们的消费者度过这一阶段，在年轻人正在开启的新生活中能够占有一席之地自然至关重要。

30～50岁的这二十年则是用户全面消费各种产品和服务的重要时间段，其消费需求涵盖从家庭消费到休闲消费，以及汽车、金融服务、保险等方方面面。

而在50～60岁的时间段，用户已经在为退休做准备，但这仍是向他们销售任何能引起他们兴趣的产品的绝佳时期。这群人在购物时心态依然"年轻"，但又已足够成熟，能够做出更加深思熟虑的决策。

不难看出，传统的20～60岁的目标客群依然重要，但事实上，在过去的几十年中，许多事都发生了实质性的变化，但很多品牌似乎没有意识到这一点，因此无法做出合适的、前后一致的决策。

如前所述，在西班牙，年轻人从家庭中独立出来，开始自主生活的年龄已经大大地推迟了，而且正变得越来越晚：实际上，他们的平均独立生活年龄已经达到了 30 岁。这些数据清晰明确，无可辩驳。在 20 世纪末，20 岁出头的年轻人就已经开始独立生活，必须自己去购买所有的商品，包括食品、清洁用品、卫生用品、个人美容产品等。他们同样必须自己决定如何装饰租住的公寓，并且已经开始承担第一辆汽车的花销了。而如今，这个年龄段的年轻人大部分仍然和家人同住。如果他们已经开始工作，有了自己的收入，他们的支出也主要用在自己的个人开销上，其中娱乐和消遣的花费占了很大的比重；而大部分生活必需品的购买仍然是由他们的父母来决定的。

所有这一切意味着，总体而言，如今将大部分产品和服务的销售目标客群的年龄段从 20 岁推迟到 30 岁不会产生什么大的问题：这只是对社会上明显正在发生的某种变化的回应而已。以 20 多岁的年轻人为目标，试图向他们兜售他们既不感兴趣，也不是他们最想要、最渴望、最急需的产品，将会成为一种资源的浪费，而这些资源本可以用来面向其他客群做更有针对性的营销活动的。

同样的变化也发生在 60 ~ 70 岁的老人身上，但情况恰好相反：大部分品牌仍将他们视为退休人员、脱离市场的人群，因此他们往往被视而不见。在当今时代，我们不需要坚持说他们在所有市场中都是推动销量增长的核心消费人群：事实上，他们中的很多人确实已经不再是劳动力市场的活跃从业者了。但这群人在生活中的方方面面仍然保持着活力。他们仍在购买各种产品和服务，并且可以继续对自己多年来一直购买的品牌保持忠诚。但如果有其他品牌更关注他们，并直接面向他们进行有效的营销宣传活动，这些消费者也有可能会选择和决定购买其他更吸引他们的品牌。

因此，将目标受众从经典的 20 ~ 60 岁提升到当前现代的 30 ~ 70 岁是完全合乎逻辑的，这是基于对市场发展情况的基本了解所做出的决定。当然，针对每个品牌、广告商、产品、服务和品类还需要进行具体情况具体分析，并尽可能全面地进行调研，才能做出最佳决策，但总体而言，这一发展趋势是毋庸置疑的。这也是营销学的首要原理之一：你必须将资源分配到最佳潜在客户的所在之处。

目标受众未必永远是主角

有一个本应非常明确，但很多人似乎仍会混淆的概念是：广告的目标受众不一定必须要和广告中的主角完全相同，甚至都不一定必须相似。换句话说，在面向老年人的营销广告中，未必一定要出现老年人的形象；很多商品是卖给 50 ~ 70 岁的目标受众的，但在广告中使用的却是 30 岁左右的人物形象，也照样能取得很好的效果。反之亦然：在面向年轻人和全年龄层的广告中，也可以使用年长者的形象。（Adolfo Domínguez 的广告就是一个经典案例。该广告使用“我知道我已不再年轻”作为口号，广告中的人物形象不但散发着自然美，魅力十足，而且尤为突出的是其中展现的长者经验、睿智和可持续发展的实践，这是品牌一直以来持续贯彻的理念）。

值得强调的是，大多数 50 ~ 70 岁的老年人认为自己最多只有 30 或 40 岁。他们看同龄人时，会觉得他们是老年人，但当他们审视自身时，却认为自己要年轻得多。他们的自我认知要年轻、积极得多。

在许多情况下，这种看法与现实非常接近，因为大家越来越注重保养，其形象早已不是传统意义上 60 岁以上老年人的模样了。在必可梦集团的一次营销活动中，品牌方选用了一对老年情侣作为广告的主角，在广告中，他们在一张沙发上做爱。“当我们找 60 多岁的人进行选角时，我们对他们如此年轻的外表深感震惊。最后，我们不得不寻找更年长的演员，广告主的主角实际年龄已达 74 和 75 岁。”品牌方指出。

我们始终不断在强调，出现在广告中的人物是创意决策的结果，而创意决策取决于广告活动，其目标、产品、品牌、营销策略……最关键的是要了解广告所面向的目标受众，然后从中寻找最具吸引力、能够引发更多关注的客户洞察，了解他们的动机和想法。

超越目标受众的真实之美

只要传递的信息足够合适、有趣，制作精良，面向正确的目标受众，社交媒体在传播方面的潜力是无可争议的。跨国企业联合利华旗下的多芬品牌与奥美广告公司有着几十年的成功合作经验，他们以产品为中心制定沟通策略（“含有四分之一的保湿霜”），重点强调该产品在清洁皮肤之余，其成分还有助于呵护皮肤，保持滋润。

到了21世纪初，品牌的传统信息不再具备既往的强大影响力，因此多芬决定彻底改变战略，将焦点转向消费者本身，并成功引发了一场关于“女性之美”的标准的激烈讨论。2004年，“多芬自尊基金会”成立，奥美多伦多分公司为其制作了名为《进化》的广告片，并通过这部片子告诉大家，广告中那些模特的形象与现实世界几乎没有什么关系，因为她们都经过了造型、化妆、数码修片的重重修饰……2011 年，多芬发布了名为《重新审视美丽的真相》的研究，指出只有 4% 的女性认为自己很漂亮，而只有不到 11% 的女性能够自在地描述自己。[①]

该品牌转而支持这样一个观点："真实之美"不是媒体投射和夸大的理想，所有的女性都拥有它。"想象一个世界，在其中美丽是自信的源泉，而不是引起焦虑的原因。"因此，品牌推出一个名为《美之侧写》的视频，其中展示了一项实验：请一位 FBI 的肖像画家在没有直接看到真人的情况下两次用电脑绘画出同一个女性：第一次是根据她自己给出的描述；第二次则是根据陌生人对她的描述。在所有的案例中，根据陌生人描述所绘制的女性都要漂亮得多。该视频在 110 个国家以 25 种语言被观看了超过 1.14 亿次，媒体和公关投资回报率超过 40 亿欧元。

多芬与美容界盛行的负面刻板印象进行斗争，展示了体重过重的女性、有雀斑的女性、拥

① 蒙塔内斯出版社，2017 年版。

有通常被视为“丑陋”的不寻常特征的女性，当然还有60岁和70岁以上女性的皱纹，这些在绝大多数美容品牌的广告中都是看不到的。品牌并没有针对这些目标群体制定专门的广告宣传活动，只是想到了她们，并将其视为消费者的一部分来进行展示。在多芬的广告中，那些老年女性笑容满面，表情愉悦，最重要的是，她们显得非常美丽。这场营销活动在增加销售额之余，也证明了消费者越来越倾向于与那些符合自己价值观的品牌建立联系。

第十章　赢取未来的安全赌注

商品只能销售给有购买意愿的顾客。认识到这一点是迈向成功的第一步。

营销的成功始于一个最基本的本质前提：对所有企业而言，最根本的问题都是考虑如何销售产品，而商品只能销售给具有购买意愿的顾客。这一点已经阐述得非常清楚了。

根据人口金字塔的结构，可以清晰地看出当今的市场发展趋势，以及最重要的是，也能从中预判未来几年的市场前景。市场即将发生不可逆转的变化，如果有人能提前意识到这一点，早早地做好准备并着手开始行动，他们就能更好地利用即将出现的巨大机遇。如果现在不及时下注，就会错过制胜的绝佳时机。

20 世纪 60 年代的西班牙，电视开始走近千家万户。经济开放后，旅游业逐年增长；同时，数百万西班牙移民在欧洲和拉美工作，他们从海外汇来的外汇推动西班牙经济实现了前所未有的增长。历经多年的封闭、贫困和危机后，有一些品牌和企业从一开始就意识到了经济环境和市场趋势的变化，决定押注增长，在电视上打广告宣传，吸引新的消费者。另一些公司则趋于保守，继续坚持他们的传统战略。而在大部分的情况下，后者迟早要么倒闭，要么就是被开始进入西班牙的跨国大公司收购。这些国际企业的实力要强大得多，更富有、更有能力，而且他们已经有多年使用市场营销技术和工具的丰富经验，而市场营销那时候在西班牙实际上还完全是一片盲区，这就为这些品牌带来了巨大的优势。现在回顾 20 世纪 50 年代末期西班牙最知名的那些品牌，我们就会发现，尽管市场在 60 年代取得了巨大的增长，但这些品牌中的绝大多数却在这个年代都消失了。在短短的几年内，大部分传统的西班牙品牌就已经被来自海外的品牌所取代，这些品牌早早地就为迎接未来做好了更充分的准备。

今天，我们所经历的变革就和当年一样彻底，这种变化发生在各个领域：技术、通信、文化和整个社会层面。消费者根据不同的时代和生活方式被细分成不同的群体，但他们始终是所有品牌的起点和终点，因为不管要销售什么品牌或服务，消费者都是绝对的关键。

在美国等其他国家，银发经济日渐增长的重要性已是无可争议的事实。在西班牙，我们距离这种现象爆发的日子也日趋临近了。

能证明这一趋势的例子数不胜数。其中一个很明显的案例就是西班牙的旅游业。过去传统意义上被认为是年轻人的消费领域，而如今，前来西班牙旅游的大部分游客都是与伴侣同行的老年人，并且他们在旅游上的消费要远远超出其他年龄段的游客。

老年人的旅游

旅游业恰恰是从根本上发生了最大变化的行业之一，而且这种转型还在持续。在西班牙，旅游业是能够最好地展现银发经济的潜力和成果的行业之一。

直到 1985 年，对旅行社、代理商、酒店和负责交通运输的公司而言，考虑组织和推广针对老年人的旅行似乎仍是非同寻常、不合逻辑甚至是荒谬的：老年人这个目标群体被认为不具有旅行的愿望，或是不具备休闲旅行的可能性。理论上，年轻人、家庭出游或是其他年龄段的消费者想要旅行似乎才是更自然的事情。简言之，当时并不存在老年旅游的商品。旅游行业的公司继续延续他们传统的企业战略和营销计划，这一套自从大众旅游这个行业出现以来一直延续至今，多年来没怎么变过。

这个情况下出面的是 Imserso，一个公共机构。它们开始创建和组织专门为老年人和退休人员设计的旅行，最初始于 1985 年、1986 年的旅游季，当时只有 16 000 个名额、16 家酒店，仅有的两个旅游目的地分别位于马略卡岛[①]的帕尔马，以及贝尼多姆[②]。西班牙老年人及社会服务研究所（Imserso）隶属于西班牙劳工和社会保障部，他们发起了这项被称为“老年人假期计划”的活动，并提供部分资金支持这些老年人的旅行。在当时，这个群体还是完全被忽视的，在整个西班牙的旅游行业中完全没有一席之地，尽管旅游业是西班牙非常重要的一个产业。

这个想法最好的地方在于，它不仅证明了老年人也有意愿、有能力、有兴趣出门旅行；而且还有助于推动那些以阳光和海滩为卖点的度假胜地的进一步发展。在此之间，这些景点受限于季节性的影响，能经营的时间是有限的。淡季来临时，当地的大部分酒店和餐厅都得被迫关门，一直要等到下一个春季到来时才会重新开放。在淡季，由于需求较低甚至几乎没有，这些酒店和餐

---

① 西班牙巴利阿里群岛的最大岛屿，位于西地中海，是著名的旅游景点。

② 西班牙阿利坎特省的一个市镇。

厅只能以一个较为合理的低价来接待游客。但是，此前还不存在的老年旅游团保障了足够的游客数量和必要的入住率，可以确保这些场所在淡季也能够保持开放，并在管理良好的前提下获得收益。

因此，Imserso的旅行催生了一种与通常的旅游截然不同的旅行方式，它打破了许多旅游景点的传统规律，并显著拓展了季节性的旅游市场。如今，Imserso计划每年在400多家酒店提供超过100万个名额，不但覆盖了西班牙全境，还通过交换协议将旅行目的地拓展到葡萄牙和安道尔，进一步走向国际化。这项研究已经证明，只要能向60岁以上的老年人提供定制化的服务，价格和条件合适，有相当大比例的老年人也会出门旅行，频次和许多其他年龄段的人群相比并没有什么差别，甚至更多。而且在很多情况下，老年人的消费潜力也更大。

更重要的是，一旦“发现”新的市场，各个自治区、市政府的组织也纷纷加入，尤其是旅游行业的私营企业：代理商、旅行社、连锁酒店和交通公司更是大量涌入。如今这些企业已经看到了这个目标群体经过验证的巨大潜力，意识到这些老年人群体不但资金充足，更重要的是，他们可以在大多数人因为要上班而无法出游的日子里自由地旅行。

有一些数据能够让我们体会到银发经济对于旅游业的重要性：预计在 2022 年，老年人仅在瓦伦西亚一个省就将花费超过 7700 万欧元：他们在 60 家酒店的约 6000 间客房中预订了 150 万次的住宿，贝尼多姆酒店业主协会主席托尼·马约尔表示，这些消费令当地酒店在淡季依然能够保留“约 3000 个直接工作岗位和 10000 个间接工作岗位”。需要指出的是，除了 Imserso 为老年人旅行提供的资助之外，在当地，瓦伦西亚自治区政府还对参与该计划的酒店和机构提供了额外的补贴。[①]

当然了，Imserso 的旅行方案并不意味着旅游行业就必须彻底转向以老年人群体为主。简单

① 《国家报》，2022 年 8 月 24 日。

来说，就是只需要在已有的目标客户群体的基础上，增加一个新的目标群体，从而扩大了市场，而且也不会对旅游业既往的传统活动造成任何损害。换句话说，该行业只是将部分的战略目标从20～60岁的客户群体转向了30～70岁，并为之前没有考虑到的这批游客提供了特定的服务而已。

一个很好的例子来自该行业的一家领军企业，它们面向这群目标群体推出了名为“60+的年轻人”的广告，为这批游客提供了广泛的国际旅行选择，包括游轮航线在内，其旅行目的地囊括了迪拜、德国和阿联酋等地。只有一个不起眼的小提示上写着该旅行社“被授权销售Imserso旅行计划”，因为它们推销的大部分旅行不在该计划内，Imserso计划只占这个整体营销方案中很小的一个部分。每年9月，大部分20～60岁的消费者群体都已经结束了假期，或是正要结束假期准备返工，此时却正是向这一广大的目标客户群（超过60岁的“年轻人”）进行销售的绝佳时机，因为只有他们可以避开拥挤的假期高峰，在淡季的时候轻松出行。

拯救水疗中心

有一个意义重大的具体案例，从中能够看出老年人如何成为拯救、恢复和振兴西班牙水疗和温泉疗养文化的关键。正如西班牙全国水疗中心协会主席米格尔·米罗内斯所描述的："我们刚加入Imserso计划时，该项目在酒店业才刚启动没几年。当时，整个西班牙只有12个温泉疗养院，它们全年都在艰难度日，只在夏季能够开业几个月。Imserso计划对于西班牙水疗行业和温泉疗养文化的振兴起到了至关重要的作用。证据是什么？那就是如今，我们在全国已经有了115个水疗中心，其中有110个中心都隶属于这项计划。"(《米罗内斯报》，2018年)。

也许说老年人"重振"了水疗行业稍有夸张，但事实上，银发经济确实在很大程度上拯救了这些多年来一直在为了生存苦苦挣扎的疗养院。最独特的是，尽管这些水疗中心有着悠久的服务传统、多年的成功轨迹和丰富的历史经验，但在制定战略方针和未来计划时，竟然没有人想到关注、分析老年人这一目标群体，并提出面向这一群体的具体方案，尽管老年人早已被证明是这些疗养院最好、最忠实的消费者。解决方案来自外部，来自将这些设施纳入规划的 Imserso 旅行计划。一旦取得了卓越的成果，这一点又似乎显得如此显而易见、合理而又简单。对于这些水疗中心而言，有什么顾客能比银发一族来得更好、更忠诚呢？为什么过去没有制定营销策略和特别策划来吸引他们前来，设法让他们体验自己的服务，并建立起这批客户的忠诚度呢？市场上是否还有许许多多其他的行业、产品和服务，也与这些水疗中心一样，明明有着同样的机会，却没有停下来好好思考，没有意识到也许只要企业能提出最合适的方案，传达正确的信息，这批客户就会来到你的面前？

真金白银的银发旅游经济

很显然，旅游业成为最早认识到银发经济至

关重要的行业之一。旅游业是西班牙经济的支柱产业，企业家们也深知，为了从新型冠状病毒感染疫情所带来的重创中尽快复苏，这一细分市场至关重要。

毫无疑问，成功开发有利可图的旅游产品的关键之一，在于了解如何提升旅游质量，而只有当行业专注于面向这一目标群体发展时，质量的提升才有可能实现。迄今为止，老年人群体在旅游上的消费潜力是最值得考虑的。

有三个因素使得老年人成为最具盈利性的目标群体。第一个因素就是他们有更强的经济实力，明显要高于其他年龄段的群体。可以回忆一下之前我们看过的数据：西班牙老年人的人均支出达到 17 960 欧元，比 25 ~ 49 岁的人群高出 4000 欧元。

第二个因素是老年人在一年中的任何时间段都能够旅行，对于旅游行业来说，这意味着相比其他仍在工作的群体，老年人可以在更大程度上帮助该行业在非旅游旺季的时间段内获益，因为其他群体的假期通常都集中在旅游高峰时段。

第三个因素是老年人旅行的理由和动机更加多样化：老年人也喜欢阳光和海滩，喜欢这样的旅游方式，但与此同时，他们同样还寻求自然、美食、文化和风土人情体验，这些需求推动着行业不断开发并推出新的旅游产品，从而促进产业发展。总体而言，老年人非常活跃，几乎愿意在任何场合、任何情况下旅行。

真实时刻

旅游业的例子只是众多其他行业所经历的情况的缩影，同样的故事在美容、房地产和保险等行业也都在发生。在这些领域，有一些公司已经将老年人这一目标群体视为巨大的增长机会点，但大部分公司仍对此视而不见，继续专注于它们传统的战略。但一个明显的问题在于，在很多情况下，由于市场正在发生巨大的变化，这些传统战略的效果正变得越来越差，直至最后可能会变得完全无效。

结论就是，对于绝大多数的产品、服务、企业、市场和行业来说，都应该进行深刻的反思，分析所有可用的数据和信息，检查自己在现在和未来的战略中，是否已将银发经济列入考虑，检视在每一种情况下，65 岁以上目标人群的重要性是更多，还是更少。如果企业已将老年人群列入考虑，下一步就是制定最适合这一目标群体的营销和传播战略，并直接面向该群体进行宣传。企业同样需要考虑，自己所采纳的传播手段是否能够真正触达到这些目标受众。它们当然可以减少一些花销，或是减少在某些渠道上的消费，比如社交媒体，对于以银发群体作为目标的传播而言，使用社交媒体渠道是个荒谬的主意。

机会是明确的，也是显而易见的，所有的数据、研究、报告和分析都证明了这一点。企业必须明白，它们的未来取决于是否充分考虑到了银发经济。这种解释听起来很简单、很自然，也很符合逻辑，但在大多数情况下仍是知易行难。

参考书目

Alonso, L. E. y Conde, F. 1994. Historia del consumo en España. Un aproximación a sus orígenes y primer desarrollo. Debate.

ANUNCIOS. 1999. La mejor publicidad del fin de siglo. Madrid: Publicaciones Profesionales.

Asociación para la Investigación de Medios de Comunicación (AIMC). 2022. http://aimc.es.

Bassat, L. 1993. El libro rojo de la publicidad, Follio.

Bravo, J. 1994. 50 años de seducción, Vogue GQ.

Centro Virtual Cervantes. Museo Virtual de Publicidad (MUVAP). 2022. http://cvc.cervantes.es/artes/muvap/

Cuesta, I. 2018. La historia desconocida del IMSERSO: así nacieron sus famosos viajes, Ideal. https://www.ideal.es/sociedad/canas-aire-201811280

91654-ntvo.html.

Eguizábal, R. 1998. Historia de la publicidad. Celeste ediciones.

IPMARK. 2013. 50 años, Ediciones y Estudios.

McLuhan, M. 1964. Comprender los medios de comunicación: las extensiones del ser humano (P. Ducher, trad.). Paidós (Obra original publicada en1964).

Medina, A. 2004. Apuntes para un cambio de siglo publicitario. Cinca.

Medina, A. 2010. Bye, bye marketing. Ediciones Pirámide.

Medina, A. 2016. El futuro de la comuni-cación. Ediciones Pirámide.

Medina, A. 2019. Introducción a la publicidad. Ediciones Pirámide.

Mirones, M. 2018. La historia desconocida del IMSERSO: así nacieron sus famosos viajes. Ideal. https://www.ideal.es/sociedad/canas-aire-20181128091654-ntvo.html.

Moliné, M. 2001. La fuerza de la publicidad.

Madrid: Ed. McGraw Hill.

Montañés, F. 2015. Una historia de la publicidad y el consumidor en España. Asociación Española de Anunciantes.

Montañés, F. 2017. Lo que aprendemos con la publicidad. Publicidad Sí.

Montañés, F. y Barsa, M. 2007. Una historia iconográfica de la música en la publicidad. Fundación Autor.

Ogilvy, D. 1984. Ogilvy y la publicidad. Ediciones Folio.

Pérez Díaz, J., Abellán García, A., Aceituno Nieto, P. y Ramiro Fariñas, D. 2020. Un perfil de las personas mayores en España, 2020. Indicadores estadísticos básicos, Informes Envejecimiento en Red, 25, 1-39.

Raventós, J. M. 2000. Cien años de publicidad española. Mediterránea Books.

Roberts, K. 2005. Lovemarks. El futuro más allá de las marcas. Ediciones Urano.

Rodríguez, S. 2009. Busque, compare y, si encuentra

un libro mejor, ¡cómprelo!, Electa Random House Mondadori.

Tellis, G. J. y Redondo, I. 2001. Estrategias de publicidad y promoción. Pearson Adison Weasley.

后　记

我很庆幸。

当《银发经济：抓住品牌的黄金机会》翻译到尾声的时候，国务院发布了《关于发展银发经济增进老年人福祉的意见》（国办发〔2024〕1号）。我顿时感受到一股“银发浪潮”汹涌而来。我押到宝了——“银发经济”火起来了。

这本书应该算是政策发布后首部“银发经济”题材的著作，应该说我们前瞻性地发现了银发经济的机遇。有幸让我遇到《银发经济：抓住品牌的黄金机会》这本书，翻译与补充内容的过程也是让我再学习的机会。全书内容，我至少读过十遍，同时翻阅和参考了大量资料，了解到最新的一手信息，把最及时且有价值的内容分享给读者。

这是我第一次操作引进国外版权，过程是磕

磕绊绊，遇到了不少困难和着急的新问题。还好有那么多读者朋友的热心支持，最终我们把困难都克服了，问题都解决了，实现了自我成长。这里我要感谢一直给予我指导的中国社会福利与养老服务协会会长吴玉韶。感谢一直给予我莫大支持的华龄出版社社长周宏及编辑团队。感谢翻译老师姚云青，以及两位西班牙语专家朱彤和陆金生。感谢参与本书引进和发行的团队成员。

2024 年是银发经济的元年，实际上很多人对于银发经济仍是摸着石头过河。我希望《银发经济：抓住品牌的黄金机会》这本书能够成为读者手中的“石头”，协助大家把银发经济做好。这也是我最大的心愿和祝福！

现在给老年人读的书也要适老化，比如大字本的呈现方式，图书用纸尽量选择轻便型纸张。大家可以去书店看看，《新华字典》等很多书都有适合老年人读的大字本，还要多图少字看着不累，有二维码扫一扫即可反复收听等功能；在首都图书馆等很多图书馆专门设有老年人阅读专区，配置了电子放大阅读器；还有最新出现的金孝趣院®养老主题阅读空间，不仅汇集了国内外丰富的养老题材书籍，还考虑到老年人的身体特征，整个空间都是无障碍的环境设计，独创的适老化书架首次面世，包括光源也选用了专业护眼灯、阅读灯，叶黄素注入式老花镜等，让老年人享受阅读的乐趣。

为了能让本书学有所用，我原打算对本书进行“适老化改造”。把本书分成两个部分：第一部分是西班牙作者完成，第二部分是中国作者完成，中国作者会对第一部分的内容做分析，把外国理论与案例同中国实际结合，便于读者理解和认识。这样就避免了一些引进版书籍，读完之后感觉跟自己没关系的问题。加入第二部分的解读和国内最新的案例，能帮助读者更好地理解、汲取书中的营养。

但是，添加内容涉及书号申报、国内外的版权与授权等多项问题，很是难办，无奈就放弃了增加的内容，改为再新出一本《银发经济　中国实践》（拟定名），预计于 2024 年 9 月出版，敬请期待！

张晶

2024 年 1 月

“银发经济”主题推荐书单

1.《银发经济：抓住品牌的黄金机会》，作者:（西）弗朗西斯科·何塞·冈萨雷斯等

2.《银发经济概论》，作者：胡苏云

3.《银发中国：中国城市社会养老服务的理论与实践》，作者：徐倩

4.《点亮银发设计：100个国际创意案例》，作者：杨一帆，丁肇辰，吴立行

5.《科技向善：从银发、乡村到无障碍的商业新范式》，作者：司晓，马永武

6.《银发世代》，作者:（美）路易斯·阿伦森

7.《银发市场现象：老龄化社会营销与创新思维》，作者:（德）费洛里亚·科尔巴赫

8.《银发营销：老龄友好型社会的商业机遇》，作者:（英）迪克·斯特劳德，（英）金·沃克

9.《银发川柳》丛书，作者：日本公益社团法人全国养老院协会

10.《银发经济　中国实践》，作者：张晶（预计于2024年9月出版）

金孝文化作品

《80 后的养老事业：养老产业商业模式与跨界创新》第 3 版，2019 年

《80后的养老事业——四十不惑》，2022年

《银发经济：抓住品牌的黄金机会》，2024年

《银发经济　中国实践》，预计 2024 年 9 月出版

金孝趣院® 养老主题书店